AF368259

COMMENTAIRE

SUR
LES USAGES
ET
COÛTUMES
DE
BESANÇON.

Recüeilli par le Sr. CLAUDE-FRANÇOIS D'ORIVAL, *Citoyen de ladite Ville, Ecuyer, Seigneur de Vorge, Conseiller au Magistrat de la même Ville: Et fait par les ordres de Messieurs les Vicomte-Mayeur, Lieutenant General de Police, Echevins & Conseillers de cette Cité.*

A BESANÇON,

De l'Imprimerie, de CLAUDE ROCHET, Imprimeur du Roy, du Parlement, de Monseigneur l'Archevêque, & de la Cité; ET DE FRANÇOIS-JOSEPH DACLIN, Marchand Libraire.

M. DCCXXI.

A MESSIRE
JEAN-ANTOINE
BOISOT,
CHEVALIER,
BARON DE VAIRE,

CONSEILLER DE SA MAJESTE'
En ſes Conſeils d'Eſtat & Privé , Premier
Preſident du Parlement de Beſançon.

ONSEIGNEUR,

Un Travail de plus de quarante
ans, & l'honneur que j'ay d'avoir été

a e

Maire & du Magistrat de Besançon depuis plusieurs années, m'ayant donné quelques connoissances des Droits & Usages de cette Ville ; je n'ay pas crû pouvoir refuser à Messieurs du Magistrat le Recüeil qu'ils m'en ont demandé, ny à mon inclination particuliére la gloire de vous consacrer le fruit de mon Travail. J'ay crû ne pouvoir le dedier à un Magistrat, ny plus puissant, ny plus capable de le proteger que Vous. MONSEIGNEUR, à qui le plus grand Prince du Monde a confié la premiere Balance de sa Justice par une distinction aussi glorieuse à nôtre Patrie, qui a l'honneur de Vous avoir pour ancien Citoyen & pour Chef, qu'à vôtre Illustre Famille, à qui le Droit de presider est devenu également naturel & hereditaire, puis-

que Vous êtes Fils & Petit-Fils de Premiers Presidens des deux Cours Souveraines de cette Province ; & il semble que le Ciel ne les avoit élevé à ces deux grandes Dignités que pour Vous en laisser le choix, dans le tems même qu'il n'y en avoit qu'un mort, parce que vôtre mérite voulant anticiper l'ordre de la Succession, Vous a fait succeder sans violence à un Pere encore plein de vie, pour Vous placer au plus haut degré de la Robe, avec l'aplaudissement de tous ceux qui ont le bonheur de vous connoître, & qui conviennent tous que la Justice ne preside pas moins en Vous, que Vous à la Justice. Je n'aurois osé exposer à des yeux si fins, un Ouvrage bien au-dessus de mes forces, si je n'avois été rassûré par la confiance que me donne la bienveillance dont vous m'avés toûjours honoré. Faites-moy la grace, MONSEIGNEUR, de le recevoir comme un hommage, que mon zele & ma reconnoissance Vous rendent, & à ma Patrie. Regardés-le encore, s'il Vous plaît, comme un effet de ma soûmission aux ordres de mes Confreres, qui ont bien voulu me charger de cette Commission, & agréer mon Ouvrage. Sa Majesté aprés l'avoir fait examiner, m'en a permis l'Impression ; Mais j'avouë que rien ne peut le rendre plus respectable que vôtre protection : Je n'en craindray pas le sort, si Vous avés la bonté de l'en honorer ; Je Vous le dedie d'autant plus volontiers, qu'il n'y à personne qui puisse mieux faire exécuter & éterniser les Usages d'une Ville, que celuy

qui en eſt le Pere & le Chef. J'ay
l'honneur d'être en trés - profond
reſpeƈt ,

MONSEIGNEUR,

Vôtre trés-humble & trés-
obéïſſant ſerviteur ,
CL. F. D'ORIVAL l'aîné.

P R E F Å C E.

L n'y a point de Ville dans l'Europe qui ait plus de droit d'avoir des Uſages particuliers que la Cité de Beſançon; parce qu'il n'y en a point de plus conſiderable , ſoit par l'ancienneté de ſa fondation , ſoit par ſon rang & ſa renommée, ſoit par les Hommes Illuſtres qui en ſont ſortis. La Cité de Beſançon eſt reſpectable par ſon antiquité , puiſque les Coſmographes aprés avoir avoüé la difficulté d'en découvrir le commencement, eſtiment qu'Elle fut bâtie par les Compagnons d'Enée aprés l'embraſement de Troye , quatre cens trente - quatre ans avant Rome , & mil cent quarante-un ans avant la Naiſſance de nôtre Redempteur. Gaſpard Ems eſt celuy de tous les Cronologiſtes qui ait fait le plus beau détail des Antiquités de cette Vil e ; il en fait une deſcription dans ſon Livre des delices de l'Allemagne, qu'on a crû devoir icy rapporter , afin de lever autant qu'il ſera poſſible les ſoupçons qu'on

a coûtume d'avoir contre le pinceau d'un Citoyen,
qui par son attachement naturel à la gloire & à l'interêt de sa Patrie, pourroit en flatter le Tableau.
Mirum in modum Urbem Vesontionem veneranda commen-
dat antiquitas quæ à Julio Cæsare ob bellica gentis fortitudinem,
& summum libertatis studium culta semper, & observata
fuit, tantas siquidem suo avo Vesontinorum vires fuisse com-
memorat, ut principes etiam Allemanos stipendiarios habue-
rint, atque adeò Athenienses vectigales effecerint, obsidesque
dare coegerint.   Hujus Urbis portas puro auro contextas fuisse
constat, quá de causá Chrysopolim nuncupatam existimant.
Quamvis autem Vesontina Monarchia tanta non fuerit potesta-
tis, atque potentia quanta olim Romana, tamen publicorum
Ædificiorum magnificentiâ proximè ad ejus formam & glo-
riam accessit.   Vetusta siquidem in hac Urbe loca conspiciun-
tur, Pantheon, Campus Martius, Diana, Minerva,
Campusque Lunæ, multaque alia prisca vetustatis monu-
menta.   L'autorité d'un Historien étranger ne permet pas de se laisser prevenir contre la plume d'un
Citoyen, qui n'a pas moins de connoissance des
Antiquités de sa Patrie par les lumieres d'autruy,
que par ses propres yeux : C'est un fait certain qu'on
ne fait point de creusage à Besançon, sans trouver
quelquefois des pavemens à la Mozaïque d'un
dessein magnifique, des Colomnes & Piliers, tant
de Marbre que d'autres Pierres, des morceaux
d'Edifices superbes, des Pieces antiques ; D'autrefois des Statuës de Bronze & de Marbre, & plusieurs autres Vestiges d'une antiquité distinguée.
Il y a deux distiques gravés dans l'Arcenal de la
Cité, qui sont d'une beauté à mériter icy une place,
parce qu'ils renferment en peu de mots l'Histoire
& l'Eloge de Besançon.

Martia Romulidum senior Vesontio gente ;
Magnanimos habui Martis in arte Viros.
Nondùm Cæsar erat , nec Lilia Sceptra gerebant,
Cùm cessit jussis Sequana terra meis.

La Cité de Besançon est si ancienne que les tems
ont caché l'Origine & l'Etimologie de son nom ;
mais sans s'étendre sur la diversité des opinions,
ou plûtôt des conjectures, il paroît plus probable
que son nom tire son origine du mot *Bison* ou *Vison,*
qui est un Animal ressemblant à un Cerf , suivant
Calepin , & qui a une corne au milieu du front :
On trouva cette Bête extraordinaire dans le lieu où
la Ville de Besançon a été bâtie, qui étoit auparavant
un Bois, appellé par cette raison *Bisuntina* ou
Vesontina-Sylva, qui communiqua son nom à la Ville,
laquelle dés-lors a retenu le nom de *Bisuntium* ou
Vesontio en Latin, & en François *Besançon.* Cette
Ville n'est pas seulement considerable par son ancienneté,
Elle l'est encore par le rang qu'Elle a tenu
dans l'Univers , & par la reputation qu'Elle s'y
étoit acquise. Tous les Historiens conviennent
que c'étoit la Capitale de l'ancienne Province Sequanoise,
dont la Nation dominoit entre le Rhin,
le Rhône, la Seine, & la Saône. Cesar dont les Commentaires
sont exempts de soupçon, se contente
quelquefois d'appeller Besançon *Civitas Sequanorum,*
comme étant le Centre & le Chef-lieu des Sequanois;
d'autres fois il dit que c'est *Maxima Sequanorum,*
Maximum & Munitissimum Sequanorum Oppidum ;
Gassar, Jacques Philippe , Antonius , Baronius &
Bede luy donnent la qualité de Métropole des
Sequanois , *Metropolis Civitas Sequanorum.* Ce qui

impose silence à ceux qui ont osé disputer à cette
Ville le Titre de Capitale du Comté de Bourgogne,
dont les Peuples composoient autrefois une partie
de la Province Sequanoise : La generosité de Brennus
General des Sequanois, ne pouvant demeurer en-
fermée dans les limites de cette Province, il resol-
lut de les étendre & de rendre la Nation Sequanoise
redoutable dans l'Univers ; Il passa les Alpes avec
une Armée formidable, il vainquit d'abord les
Eluzins, tua les trois Enfans de Marcus Fabius
Ambustus, & aprés avoir mis en déroute les Romains prés du Fleuve Allia, il entra en triomphe
dans Rome, où malgré la victoire que le genereux
Camille remporta sur luy dans la défense du Capi-
tole, les Romains épouvantés de la valeur & de la
puissance des Sequanois, conclurent avec eux un
Traité de confederation perpetuelle, depuis lequel
le Senat voulut que les Sequanois fussent appellés
les Freres du Peuple Romain, comme Tacite le rapporte dans ses Annales : Cesar confirme cette verité, lorsqu'il dit que Besançon étoit l'Amie & l'As-
sociée des Romains. Cette Ville n'a pas été plus
sujette aux Empereurs Romains que Rome même ;
Elle a toûjours conservé le Titre & les Droits de
Ville Imperiale dans l'un & l'autre des Empires ;
Elle n'étoit point obligée comme les autres Villes
Imperiales de contribuer aux frais de la Guerre de
l'Empire ; Elle joüissoit de sa liberté, lorsqu'elle choi-
sit pour Souverain le R. C. Elle avoit une Jurisdic-
tion souveraine au Civil, au Criminel & en la Police, le Droit de faire des Traités d'Alliance avec
les Princes, & d'élire ses Magistrats : Cesar releve
la droiture & la liberté des Elections en ces termes ;

Tanta suffragiorum & studiorum cuique potestas erat, ut vel infimis liberè, & absque ullo metu sententiæ ferendæ suffragiique ferendi facultas esset. Ce Prince charmé de la beauté de Besançon, & encore plus de l'affection des Citoyens, voulut y passer un quartier d'Hyver, pendant lequel il ne chercha qu'à donner à cette Ville des marques éternelles de sa reconnoissance par le fameux Aqueduc qu'il y fit faire de la longueur d'environ une lieuë & demie, & dont on voit encore plusieurs vestiges du côté de la Porte taillée, ainsi appellée, parce que Jules Cesar fit couper un Rocher pour ouvrir un passage à l'Aqueduc. L'Empereur Marc Antonin, surnommé le Pieux, a demeuré long-tems à Besançon, c'est luy qui en l'an cent cinquante de nôtre Salut, fit bâtir le Pont & l'autre partie de la Ville qui est au couchant. L'an deux cens septante-un l'Empereur Aurelian retournant victorieux des Allemands, fit dresser le bel Arc de triomphe qu'on voit encore en partie au pied de la Citadelle de Besançon, en memoire du secours & des grands services qu'il avoit reçû des Citoyens. L'Empereur Constantin le Grand fut curieux de voir Besançon l'an trois cens vingt, l'Imperatrice Heleine sa Mere, persuadée qu'il n'y avoit point de Peuple plus Religieux, ny plus Catholique que les Citoyens de cette Ville, y vint exprés environ l'an trois cens vingt-sept, déposer entre leurs mains le grand Etendard de la Foy, que sa pieté luy avoit fait chercher dans les Lieux Saints, avec un empressement digne de la grandeur de son Ame & de sa Naissance ; c'est le Saint Suaire, ce precieux Tableau de nôtre Redemption, dont les Miracles, & particulierement celuy de sa conser-

vation pendant tant de ſiecles, devroient convain-
cre, non ſeulement les Incredules, mais encore les
Impies de la verité de cette grande Relique. S'il
n'eſt pas permis de douter de la paſſion qu'Elle re-
preſente, ny que le ſacré Corps de nôtre Redempteur ait été embaumé & enſeveli dans pluſieurs
Linges, (*) il n'eſt pas difficile de croire que ce
même Sauveur perſuadé de la foibleſſe de nôtre Foy,
ait voulu nous laiſſer encore cette preuve divine,
de ce qu'il avoit ſouffert pour nôtre Salut. Les
Empereurs Gratien & Julien ont fait quelques ſé-
jours en cette Ville. Les Empereurs Othon III.
& Frederic I. ont encore honoré Beſançon par la
ſolemnité de leurs Nôces, & par le long ſéjour
qu'ils y firent. Galla Placidia Fille de l'Empereur
Honorius, Epouſe en premieres Nôces d'Altophe
Roy des Goths, & en ſecondes Nôces de l'Empereur Conſtance, conclut à Beſançon la Paix entre
les Romains, les Goths & les Bourguignons. Cette
Cité a été ſi puiſſante qu'Elle s'eſt défenduë contre
les Cimbres & les Teutons l'an de la fondation de
Rome ſix cens cinquante-deux ; contre Arjoüiſte,
Roy d'Allemagne du tems de Jules Ceſar ; contre
Vindex prenant le Titre de Roy des Gaules, pendant l'Empire de Tibere ; contre les Salbiens, lors
du Regne de Vitelle . . . contre Jules Sabin dans
l'Empire de Veſpaſien ; contre les Vandales l'an
quatre cens ſix ; contre les Bourguignons l'an quatre
cens treize ; contre les Huns l'an quatre cens cin-
quante-un ; contre les Allemands l'an mil deux cens
quatre-vingt huit ; contre les Ducs de Bourgogne
l'an mil trois cens trente-cinq ; contre les Anglois

(*) Saint Jean, c. 19. & 20.

en mil trois cens soixante-deux, & mil trois cens soixante-quatre ; & contre les Religionaires l'an mil cinq cens septante-cinq : Tels étoient le rang & la reputation de la Ville de Besançon & de ses Citoyens avant & pendant les deux Empires. Voicy une partie des Hommes Illustres qui en sont sortis, Brennus Capitaine General des Sequanois qui prit Rome. Pompilius qui fut General des Legions Romaines sur le Rhône & la Saône. Tiberius Pompeïus Priscus Caducus qui fut Juge de toutes les Gaules. Munatius Pansa honoré du Consulat de Rome, & plusieurs autres qui furent revêtus des premieres Dignités de Rome. Dom Ramon & Henry de Limbourg les deux premiers Roys de Galice & de Portugal étoient Bisontinois. Saint Lin & Saint Sylvestre Papes, étoient Archevêques de Besançon, dont à la verité ils n'étoient pas originaires. On compte jusqu'à vingt-deux Archevêques de cette Ville, que l'Eglise a canonisé avec d'autres Citoyens de la même Ville, tant il est vray qu'on y a embrassé & conservé la Religion Catholique avec plus de pureté, de ferveur & de fermeté que dans les autres Villes du Monde. Il ne reste qu'à parler de la derniere destinée de cette Ville ; Elle est située au milieu du Comté de Bourgogne, mais se trouvant depuis plusieurs siecles la seule Ville restante de l'ancienne Republique Sequanoise, il ne luy étoit plus possible de conserver son premier éclat, aprés avoir perdu son ancienne puissance ; sa situation qui l'avoit renduë Capitale & Maîtresse de la Province Sequanoise, devint l'objet de l'envie des Comtes de Bourgogne, & encore plus de leurs Vassaux & Officiers, qui ne cessoient de luy faire des inquietudes, foit à l'occafion des limites qu'ils ont fouvent tenté de retrancher, foit à l'égard des Biens que les Citoyens poffedoient au Comté de Bourgogne, ou de ceux qu'ils vouloient y acquerir: Toutes ces infultes & vexations ont quelquefois réduit les Citoyens à fe mettre fous la Protection & Gardienneté des Comtes de Bour-gogne, en leur payant une efpece de tribut, ou en leur accordant des Droits dans la Cité: Elle n'avoit pas plûtôt fait la Paix avec les Comtes de Bour-gogne, que leurs Vaffaux & Officiers peu attentifs à l'obéiffance qu'ils devoient à leurs Souverains luy faifoient la Guerre; c'étoit une Ville Imperiale, dont l'Empire devoit foûtenir & défendre les Droits; mais Elle ne trouvoit pas dans ce vafte Corps la protection, ny le fecours qu'Elle méritoit. La Ville de Frankendal dans le Palatinat du Rhin ap-partenoit au R. C. fa fituation donnoit de la jalou-fie à l'Empire, qui defefperant de conferver la Cité Imperiale de Befançon, au milieu d'une Province fujette à un puiffant Prince & voifine d'un autre en-core plus redoutable, propofa au R. C. l'échange de cette Cité contre la Ville de Frankendal: Cet échange ayant été conclu entre l'Empire & le R. C. il fallut pour le confommer prendre le confente-ment des Citoyens de Befançon; il y eût plufieurs propofitions & projets d'accommodement: Philippe IV. Roy d'Efpagne & Comte de Bour-gogne envoya le Marquis de Caftel Rodrigo l'un de fes Miniftres à Befançon, avec plein pouvoir de traiter avec les Citoyens. Le Traité fut enfin conclu & paffé à Befançon le vingt-neuf Septem-bre mil fix cens foixante-quatre, & ratifié par S. M. C.

S. M. C. le vingt-huitiéme Fevrier mil six cens
foixante-cinq; il fut convenu que l'Echange cy-def-
fus feroit exécuté, qu'en confequence le R. C. feroit
& demeureroit Souverain de la Cité & de l'ancien
Territoire de Befançon, aux conditions contenuës
dans ce Traité; entre-autres que le R. C. augmen-
teroit le Territoire de cette Ville de cent Villages
y denommés, pour y être incorporés, & pour
demeurer fous la totale Autorité & Jurifdiction
du Magiftrat de la Cité, fous la referve de la Juftice
des Vaffaux & Féodaux; on referva à la Cité tous
fes anciens Droits & Privileges, on permit d'y établir l'Univerfité; il y a d'autres conditions dont le
recit n'eft pas neceffaire, parce qu'on tranfcrira
tout au long le Traité à la fuite de cet Ouvrage.
C'eft ainfi que la Cité de Befançon, cette ancienne
& fameufe Ville, la Métropole des Sequanois, la
Sœur & la Confederée de Rome, aprés une liberté
de plus de deux mille huit cens ans, fe vit forcée
pour fe tirer d'oppreffion de choifir le R. C. pour
Souverain. Les Comtois qui avant ce Traité ne
pouvoient fouffrir un Etat feparé & independant
au milieu de la Franche-Comté, furent encore plus
chagrins de ce changement, que les Citoyens de Befançon; foit par rapport à la ceffion & incorpora-
tion des cent Villages à la Cité, à quoy ils ne s'at-
tendoient pas; foit par la referve de fes anciens
Droits & Privileges dont ils commencerent à être
jaloux; foit par rapport à l'Univerfité promife à
la Cité, qui avoit déja le droit d'en avoir une par
Diplome de l'Empereur Ferdinand I. de l'an mil
cinq cens foixante-quatre; foit par l'ombrage
qu'une belle & grande Ville donne naturellement

aux moindres. Le Parlement de Dole qui s'étoit déclaré contre la Cité depuis plusieurs siecles, refusa de mettre à exécution ce Traité; Mais S. M. T. C. ayant fait la conquête de Besançon & du Comté de Bourgogne en mil six cens soixante-huit, il fut expressément convenu par la Capitulation de la Cité, que S. M. T. C. feroit exécuter le Traité de mil six cens soixante-quatre; cette promesse fut confirmée & réiterée par la seconde Capitulation de la Cité en mil six cens septante-quatre; & par l'une & l'autre des Capitulations les Magistrats & les Citoyens furent maintenus dans tous leurs Droits & Privileges. Dés-lors les Magistrats ne trouvans plus personne qui osât resister à l'exécution du Traité de mil six cens soixante-quatre, firent travailler & mettre sous la Presse en mil six cens septante six, un Livre contenant la Pratique Judiciaire, qui devoit être observée à Besançon, tant à l'égard de l'ancien Territoire, que du nouveau. Les Avocats qui furent chargés de cet Ouvrage se contenterent de régler un stil & d'y inserer quelques Usages de la Cité. En mil six cens quatre-vingt-huit les Magistrats firent un Recuëil des Ordonnances concernans les Arts & Métiers; Mais il n'y en eut point qui voulut entreprendre le Recuëil des Usages de la Cité, peut-être parce que cet Ouvrage leur parut également penible, dangereux & ingrat; & quoyque cette Ville n'ait jamais été dépourvûë de Jurisconsultes trés-éclairés, on ne trouve néanmoins qu'un seul Homme qui ait voulu prendre la peine de décrire les Ordonnances de Police, des Arts & Métiers, & quelques Usages de la Cité; ce fut le Sr. Gauthiot, Seigneur d'Ancier,

Homme Noble & de diftinction , qui en fit un Recuëil en mil cinq cens quatre-vingt-trois, & ce
Livre auquel on a toûjours ajoûté foy; repofe en
Manufcrit dans les Chartres de la Cité; mais ny ce
Livre , ny la Pratique Judiciaire de mil fix cens
feptante-fix, n'ont pas été capables de régler les
conteftations qui ont fouvent partagé les Juges &
les Magiftrats , même fur quelques points d'Ufage.
Chacun fçait que les Ufages ont force de Loy chés
toutes les Nations; mais fi ces Ufages ne font écrits
& rendus indubitables, ils font fujets à être con-
teftés; foit par ceux qui n'y font pas accoûtumés ,
foit par les Efprits vifs & remuans; foit par l'igno-
rance legitime d'un fait qu'ils croyent égaré , &
comme enfeveli avec les anciens qui en avoient
connoiffance. Tous ces inconveniens n'ont paru
que trop fouvent aux yeux des Magiftrats de Befançon depuis la derniere conquête; mais la difficulté de mettre fin à un fi grand mal, leur a paru
encore plus grande. Il y a dans ce Corps plufieurs
anciens Avocats, du nombre defquels j'ay l'honneur d'être;mais on ne fe charge pas volontiers d'un
Ouvrage qui exige non feulement une grande experience & une entiere connoiffance des Affaires
d'une Ville , mais encore un grand zele & une affi-
duité infinie, crainte qu'en fe propofant de faire
vivre les Peuples fous des Loix certaines, on faffe
la femence de plufieurs difficultés bien plus grandes
que celles qu'on vouloit terminer. Meffieurs du
Magiftrat m'ont fouvent fait l'honneur de me pro-
pofer ce Travail, mais ne pouvant me croire affés
digne de leur eftime, ny affés capable d'un Ouvrage fi important; J'ay balancé long-tems à m'em-

barquer ſur une Mer, où je ne voyois que tempêtes
& écuëils ; cependant le zele & le deſintereſſement
qui m'ont toûjours animé & conduit quand il a
été queſtion des interêts de ma Patrie, m'ont enfin fait ſoûmettre à accepter la commiſſion dont
mes Confreres ont bien voulu m'honorer. J'eſpere
que le public me fera la juſtice de n'attribuer, ny
à la vanité, ny à la temerité, un Ouvrage qui n'eſt
qu'un effet de mon zele pour ma Patrie, de ma
ſoûmiſſion parfaite aux ordres de mes Confreres,
& de ma complaiſance pour ceux qui m'en ont
ſouvent prié. Je le ſoûmets volontiers à leur cenſure,
& à celle de tous ceux qui prendront la peine de
le voir : Je préns ſeulement la liberté de les aver-
tir qu'en commençant ma Preface par un abregé
trés ſuccint de l'Hiſtoire de Beſançon : Je n'ay pas
crû me rendre ennuyeux, ny m'éloigner de mon
ſujet, puiſqu'il s'agit de décrire les Uſages d'une
Ville, qui pouvoit Elle-même ſe faire des Loix par-
ticulieres, pendant qu'Elle ne reconnoiſſoit que
Dieu pour Supérieur, & qui à plus forte raiſon
n'étoit dans l'obligation de ſuivre, ny les Loix Romaines, ny les Coûtumes du Comté de Bourgogne,
qu'autant que les uns & les autres s'accommo-
doient à l'inclination & aux interêts des Citoyens.
J'ay tiré les Textes de nos Uſages en premier lieu
du Livre de Mr. d'Ancier, dont il eſt parlé cy-
deſſus : En ſecond lieu, de la Pratique Judiciaire
de mil ſix cens ſeptante-ſix : En troiſiéme lieu, des
Manuſcrits d'anciens Avocats, dont l'un eſt dans les
Archives de la Cité ; j'en ay un autre de mon Pere,
Homme verſé dans les Affaires de la Ville & dans le
Droit, mort âgé de ſeptante-ſept ans, revêtu de la

Pourpre au Parlement de Besançon, & dont il avoit
été honoré gratuitement par les deux plus grands
Princes du Monde, & sous lequel j'ay travaillé
plusieurs années : En quatriéme lieu, des Livres
journaux de la Cité : En cinquiéme lieu, du Droit
Ecrit : En sixiéme lieu, de la Jurisprudence des
Arrêts du Parlement de Besançon, & autres dont
j'ay eu connoissance par un Travail assidu de plus de
quarante ans. Il y a des Textes qui ne sont fondés que
sur le Droit Ecrit & sur des Arrêts, mais ayant pour
objet un Recueïl des Usages d'une Ville, je n'ay pas
crû sortir de mon sujet en y mêlant des points de
Droit & de Coûtume, qui avoient besoin de décision, afin de procurer aux Peuples le repos que
les Magistrats ont voulu leur assûrer. Et comme
la destinée des Ouvrages nouveaux est d'être cen-
surés, non seulement par les Sçavans, dont néanmoins je fais gloire de recevoir les lumieres & la
correction, mais encore de ceux qui sans appro-
fondir les affaires, ne consultent souvent que leurs
foibles lumieres, ou leur inclination à la critique,
ou leur interêt particulier ; je me suis determiné
pour contenter les uns, & tâcher d'acquerir la bienveillance & l'estime des autres, à augmenter cet
Ouvrage par des Notes sur tous les Articles pour
expliquer les Textes, & rendre compte de leur fondement le plus succintement & le plus nettement
qu'il m'a été possible, avec le secours des habiles
Hommes qui ont bien voulu m'honorer de leurs
lumieres. Mon dessein n'a pas été de faire un
Commentaire complet sur tous les Articles, ny
de traiter toutes les questions qui peuvent y avoir
du rapport ; je n'ay, ny assés de santé, ny assés

de temerité pour entreprendre un pareil Travail.
Je ne me suis proposé qu'un simple Recuëil des
Usages de ma Patrie, d'en faire comprendre la raison & les motifs, & de donner à mes Confreres
& au Public cette petite marque de mes soûmis-
sions & de mon zele.

TE NEUR de l'agrément & de l'Acte de notorieté de Messieurs du Magistrat de Besançon.

NOUS VICOMTE-MAYEUR, Lieutenant General de Police, Echevins & Conseillers - Assesseurs de la Cité Royale de Besançon ; Certifions à tous ceux qu'il appartiendra , qu'ayant chargé le Sieur CLAUDE-FRANÇOIS D'ORIVAL , Ecuyer, Seigneur de Vorge nôtre Confrere, de recueillir & rediger par écrit les Usages & Coûtumes de cette Ville , afin d'éviter toutes les difficultés qui se sont souvent presentées sur cette matiere ; il s'en est acquitté à nôtre satisfaction, ainsi que Nous l'avons reconnu, tant par l'examen qui en a été fait par Commis que Nous avons député à cet effet, que par le Rapport qu'ils Nous en ont fait aux Assemblées de nôtre Hôtel de Ville ; ensorte que Nous estimons que les Textes contenus dans l'Ouvrage que le Sieur D'ORIVAL a fait, ont été de tous les tems, & sont les veritables Coûtumes & Usages de cette Ville , & qu'ils doivent être observés : Consentons qu'il obtienne la Permission de les faire imprimer, avec les Notes qu'il y a faites, comme étans également utiles & necessaires au Public. En

d

témoignage de quoy Nous avons fait signer le
present Acte de notorieté par Luc Marquis, Avo-
cat au Parlement, Secretaire de l'Hôtel de Ville, &
à iceluy apposer nôtre Scel ordinaire. DONNE'
au Conseil le quatriéme Mars mil sept cens dix-
neuf. *Signé*, L. MARQUIS. Scelé des Armes de
la Cité.

APPROBATION.

J'AY lû par ordre de Monseigneur le Garde des
Sceaux, ce Manuscrit qui a pour Titre, LES
USAGES ET COÛTUMES DE BESANÇON,
& je n'y ay rien trouvé qui ne puisse en rendre
l'Impression utile au Public. A Paris ce six Août
mil sept cens dix-neuf. *Signé*, DE SACY.

TABLE
Des Titres de ce Livre.

LES
USAGES ET COÛTUMES
DE
BESANÇON.

TITRE I.

De l'Estat des Personnes.

ARTICLE I.

O N ne souffre point de Main-morte dans les Ville, ancien Territoire & Banlieuë de Besançon; & il n'est pas permis de la stipuler par Contrat d'Ascensement, ny autres : on ne reçoit pas même au nombre des Citoyens de cette Ville, ceux qui sont de cette condition.

A

Notes sur cet Article.

BESANCON étant, non-seulement une des plus anciennes Villes des Gaules, mais encore une Cité libre & Imperiale, avant l'échange qui en fut fait en 1664. contre la Ville de Frankendal, du consentement de l'Empire & des Citoyens, il est aisé de se persuader qu'on n'y a pas moins été jaloux de la liberté, que dans la Ville de Rome, dont elle étoit autrefois alliée, & où l'on ne souffroit point de Serf *text, in L. in orbe, ff. de statu Hominum.* Nôtre Article est encore tiré d'un Livre que Mr. d'Ancier, *feüillet* 64. ancien Magistrat de **BESANCON**, composa en 1583. contenant un Recüeil des Ordonnances & de quelques Usages de la Cité, auquel on a toûjours ajoûté foy.

ARTICLE II.

LES Gens de Main-morte peuvent néanmoins resider à Besançon, & dans les anciens Territoire & Banlieüe de cette Cité; mais s'ils sont revendiqués par leurs Seigneurs dans l'an & jour, à compter depuis leur residence actuelle & fixe dans la Cité, ils leur sont renvoyés, & en ce cas ils ne joüissent pas des Privileges accordés à ceux qui ont demeuré l'an & jour dans lesdites Ville, Territoire & Banlieüe.

Notes sur l'Article II.

LA Revendication contenuë dans cet Article est tirée du Livre de Mr. d'Ancier, *feüillet* 63. Il est facile de comprendre que c'est une grace qu'on a bien voulu faire aux Seigneurs : car la Déclaration de l'Empereur Venceslas de 1434. contenant le Privilege accordé aux Gens de Main-morte residens à Besançon, porte qu'ils en joüiront, *etiamsi abierint invito Domino.* Mais il y a lieu de croire que les anciens Magistrats de cette Ville se sont dispensés autant qu'il leur a été possible, de la peupler de Gens d'une condition servile & abjecte, & que par cette consideration ils se sont rendus favorables aux Seigneurs, conformément aussi à la Loy, *non videtur,* ff. *de liber. caus.* & à la Loy, *Patronum,* ff. *si ingenuus esse dicatur.* On parlera à la suite plus au long de ce Privilege dans le Titre des Successions ; il suffit de dire qu'il consiste en la faculté laissée aux Gens de Main-morte ayant demeuré l'an & jour dans la Cité, de disposer des Biens y situés, & dans la Banlieuë, comme s'ils étoient libres & anciens Citoyens.

ARTICLE III.

LES Seigneurs ne peuvent revendiquer les Filles leurs Sujettes, qui viennent se marier avec des Citoyens de Besançon, pour s'y habituer & y resider : ny les Curés, Vicaires & autres Eccesiastiques qui resident en cette Ville, ou dans la Banlieuë pour la desserte de leurs Benefices.

Notes sur l'Article III.

LA premiére limitation est tirée de la Loy, même du Mariage, *Uxor enim est socia viri quem tenetur sequi*, Genes. cap. 2. Ce n'est donc pas une fuite, ny une évasion suspecte de fraude ; On vient d'ailleurs de faire voir que la Déclaration de l'Empereur Venceslas favorite les Gens de Main-morte qui se retirent à Besançon, malgré même leurs Seigneurs. C'est une consideration qui doit encore excepter de la Revendication les Curés, Vicaires & autres Beneficiers qui viennent demeurer à Besançon pour la desserte de leurs Benefices, parce que c'est la necessité qui les conduit à cette Residence.

ARTICLE IV.

LES Marchands, *Hôtes publiques, Cabaretiers & tous autres, ne peuvent prêter deniers, ny donner à credit aux Mineurs, ny aux Enfans de Famille, ny passer avec eux Contrat de constitution de Rente, Achat, Echange, Donation, ou autres, de quelle nature ils puissent être, soit par-devant Notaire, ou sous Seing privé, sans le consentement exprés des Peres à l'égard des Enfans de Famille ; & sans celuy des Tuteurs & Curateurs decernés en Justice pour les Mineurs, à peine de nullité perpetuelle desdits Actes & Contrats, & de la perte de ce qui aura été prêté ou avancé aux Enfans de Famille & Mineurs.*

Notes sur l'Article IV.

PAR Edits des années 1565. 1570. & 1622. il a été défendu de prêter aux Enfans de Famille & Mineurs, & de contracter avec eux. Ces Edits faits par les anciens Magistrats de la Cité, sont conformes à ceux faits par les Comtes de Bourgogne, afin

d'empêcher la ruine & les débauches de la Jeuneſſe.
On répute Enfans de Famille à Beſançon, comme
dans le Comté de Bourgogne, ceux qui ſont ſous
la puiſſance paternelle, en conformité du ſ. 1. *inſtit.*
de Patr. poteſt. Jus autem poteſtatis quod habemus in liberos,
proprium eſt Civium Romanorum, ſ. 2. eod. tit. On ne ſort
point de la puiſſance paternelle, ny par les charges,
ny par le tems, ſi ce n'eſt qu'il ait demeuré du conſentement de ſon Pere ſeparé de luy pendant 10. ans.
Il y a néanmoins des cas où les Enfans de Famille
peuvent valablement s'obliger, comme lorſqu'ils
vivent ſeparément de leurs Peres, & qu'ils font quelques Commerces particuliers, *L. 2. C. ad Senat.*
Maced. ibi ſic agunt, ſic contrahunt, &c. ou bien quand il
eſt queſtion de frais & dépenſe concernans l'entretien, & la ſubſiſtance honnête des Enfans, *Id eſt ſumptus*
quos Patris pietas non denegaret, L. 5. C. eod. ou lorſque l'Enfant de Famille eſt dans les Troupes, parce
qu'il eſt le Maître de ſon pecule caſtrenſe, à concurrence duquel il peut contracter, *L. fin. ſ. ult.*
C. eod. tit. Il en eſt de même de l'Enfant qui a des
Biens *quaſi caſtrenſes* ; nos Edits ſouffrent toutes
ces exceptions, & on l'a toûjours ainſi jugé ; Les
Enfans de Famille majeurs & mariés peuvent encore s'obliger & contracter pour les Affaires de la
Communauté ſans être autoriſés, parce que le Pere
en les mariant, ſemble les avoir ſuffiſamment au-
toriſé p ur un pareil fait, pourvû qu'ils n'alienent
pas leurs Biens.

Mais pour valider ſemblables Contrats, il faut
qu'ils ſe trouvent dans pluſieurs circonſtances, qui
faſſent ceſſer toutes préſomptions de debauche &
de deréglement, qui ſont les motifs ſur leſquels

ont été faits les Edits qui annullent les Contrats
des Enfans de Famille ; Au reste on ne sort de la
puissance paternelle, suivant l'Usage de Besançon,
& les Loix Romaines, qui à cet égard s'y observent
que par l'émancipation expresse ou tacite, dont il
sera parlé par l'Article IV. du Titre 2. & par les
Notes sur cet Article.

TITRE II.

Des Droits appartenans aux Gens mariées.

ARTICLE I.

L E Mariage n'émancipe pas les Fils, ny les
Filles de Famille.

Notes sur cet Article.

NOSTRE Article est conforme au Droit Écrit,
qui ne reconnoît pas le Mariage pour un moyen
d'Emancipation, il n'y a que ceux contenus dans
le Titre d. Instituts, *quib. mod. Jus patr. pot. solvit.*
la Loy *nec Filium, Cod. de Nupt.* ne souffre pas cette
sorte d'Emancipation : Nôtre Usage est néanmoins
contraire à la plûpart des Coûtumes ; celle du Comté de Bourgogne émancipe les Filles mariées, &
nullement les Fils de Famille, qui demeurent toûjours sous la puissance de leurs Peres, sans l'autorité desquels, ils peuvent néanmoins contracter

pour les affaires de la Communauté, comme il a été dit par la derniere Note.

ARTICLE II.

LES Filles mariées paſſent ſous la puiſſance de leurs Maris, ſans ſortir néanmoins de celle de leurs Peres; Elles ne peuvent contracter, ny diſpoſer entre-vifs, ſans l'autorité des deux: mais elles ont droit aprés la mort de leurs Peres, de diſpoſer par derniere volonté, ſans l'autorité & conſentement de leurs Maris.

Notes ſur l'Article II.

CET Article eſt conforme à la diſpoſition du droit Ecrit, *in l. Filiæ licet, Cod. de collat. l. ubi adhuc, l. in rebus dotalibus, ff. de jure dot. l. ſi Uxorem, C. de condit. inſert. l. ſi ut proponis, C. de Nupt. l. 3. C. de donat. int. Vir. & Uxor.* par l'Article I. du Tit. 2. de la Coûtume du Comté de Bourgogne, la Femme aprés la conſommation du Mariage, demeure en la puiſſance de ſon Mari; tellement qu'elle ne peut faire Contrat entre-vifs, ny être en Jugement ſans ſon autorité: mais elle peut teſter & diſpoſer par Teſtament, derniere volonté, ou Donation à cauſe de mort, ſans l'autorité de ſon Pere & de ſon Mari. L'Uſage de Beſançon eſt different de celuy de Franche-Comté, en ce que la Femme ne ſort pas de la puiſſance de ſon Pere & de ſon Ayeul par le Mariage, elle tombe encore ſous celle de ſon Mari; elle ne peut agir, ny contracter ſans l'autorité des deux, mais elle peut aprés la mort de ſon Pere & de ſon Ayeul diſpoſer par derniere volonté, independamment de ſon Mari, auquel elle peut même, par cette disposition, ôter l'Usufruit de ses Biens, *auth. excipitur, C. de bon. quæ liber.*

ARTICLE III.

LES Fils & Filles de Famille, quoyque mariés, ne peuvent disposer à cause de mort, sans l'autorité de leurs Peres, s'il n'en a été autrement convenu par leurs Contrats de mariage, ou si par les mêmes Contrats ils n'ont été émancipés : Et à l'égard des Enfans de Famille qui ont des Biens castrenses, ou quasi, on se conforme au Droit Ecrit.

Notes sur l'Article III.

LA Loy 25. *ff. de Donat. causâ mort.* décide que les Enfans de Famille ne peuvent donner à cause de mort, sans le consentement de leurs Peres ; mais cette Maxime cesse, lorsque les Peres en mariant leurs Enfans, leur ont donné pouvoir de disposer, ou s'ils les ont Emancipé. La Régle cy-dessus souffre encore une exception en faveur des Enfans de Famille qui ont des Biens castrenses, ou quasi, dont ils ont la faculté de disposer, non-seulement par Donation à cause de mort, mais même par Testament, suivant la Loy *fin. C. qui Testam. fac. poss.* & la Loy, *cum opportet, C. de bon. quæ lib.*

ARTICLE IV.

LORSQUE les Parties par leur Contrat de mariage se soûmettent à la Coûtume du Comté de Bourgogne, cette soûmission emporte l'Emancipation de la Femme seulement.

Notes

Notes ſur l'Article IV.

ON a tiré cet Article d'un ancien Manuſcrit, & cet Uſage qui eſt certain, eſt fondé ſur ce que par la Coûtume generale du Comté de Bourgogne, les Filles étans émancipées par le Mariage, la clauſe qui contient une ſoûmiſſion indéfinie à cette Coûtume, opere une Emancipation implicite ou tacite, qui vaut autant que l'expreſſe : Les Citoyens de Beſan-çon ont la faculté d'opter par convention les Uſa-ges de cette Ville, ou la Coûtume de cette Province ; les Comtois ont ſans doute la même liberté, parce que la Coûtume du Comté de Bourgogne n'eſt point prohibitive ; les Comtois peuvent y déroger, comme ils font ſouvent par conventions contraires, lorſqu'il n'eſt queſtion que des droits des Conjoints & des Succeſſions.

ARTICLE V.

FEMME mariée ne peut être en Jugement, ſans l'autorité de ſon Mari, ou ſi à ce deffaut, elle n'eſt autoriſée d'office par le Juge, ou ſeparée par Juſtice : Mais en ce dernier cas, il ne luy eſt pas permis d'aliener, ny d'hypotéquer ſes Immeubles & conſtitu-tions de Rentes, ſans l'autorité de ſon Mari, ou du moins ſans celle du Juge à connoiſſance de cauſe.

Notes ſur l'Article V.

NOSTRE Uſage tire ſon origine de la Loy *Femina, ff. de reg. jur. l. ubi adhuc, C. de jure dot.* & c'eſt le Droit commun à l'égard de l'autorisation. Mais encore que la Femme separée puisse être en Jugement sans l'autorité de son Mari, elle ne peut néanmoins faire aucune alienation de ses Immeubles, ny de ses constitutions de Rentes, sans l'autorité de son Mari, lequel refusant de la prêter, la Femme peut avoir recours au Juge, qui a le pouvoir d'autoriser la Femme à connoissance de cause, parce que l'office du Prêteur consiste principalement à empêcher les vexations & oppressions. Cette matiere est traitée par Ferriere sur la Coûtume de Paris, *art.* 224. *gl.* 2. *n.* 2. *&* 30. & sur l'*art.* 234. *n.* 4. 5. 6. *&* 7. le Brun en son Traité de la Communauté, *liv.* 2. *ch.* 1. *n.* 1. 8. 9. *&* 29. & en la *sect.* 2. du même livre, *n.* 12.

ARTICLE VI.

L *A Femme Marchande publique, peut s'obliger sans l'autorité de son Mari, pour le fait concernant la Marchandise dont elle se mêle, & obliger encore son Mari pour le même fait: Mais elle n'est reputée Marchande publique, que quand elle fait un Commerce different de celuy de son Mari.*

Notes sur l'Article VI.

O N a crû necessaire de trancher par une Loy certaine, les difficultés qui ont été souvent agitées sur le fait des Marchandises publiques. Il y a deux sortes de Femmes Marchandes, l'une qui est préposée à la Boutique de son Mari pour vendre & débiter les Marchandises; c'est de celle-là dont il est parlé dans le Titre du *ff. de instit. act. l. 1. in princip. æquum Prætori visum est sicut commoda sentimus ex actu institorum, ita etiam obligari nos ex contractibus ipsorum;* Et en la Loy *sed & quis 7. §. 1.* il est dit, *& si Mulier sit præposita tenebitur etiam ipsa l. 4. C. de exercit. & instit. act.* La Femme qui fait le même Commerce que son Mari, peut de son autorité l'obliger & contracter avec luy; Elle peut encore vendre & débiter les Marchandises sans l'autorité & en l'absence de son Mari, comme pourroit faire un Facteur ou Préposé à la Boutique. Mais nous n'entendons parler par nôtre Article que d'une Marchande publique, qui fait un Commerce different de celuy de son Mari, & qui a Boutique separée; c'est ainsi que le Parlement de Besançon l'a jugé au Rapport de Mr. Petit le 2. Decembre 1709. conformément à la Doctrine de Mr. le Brun en son Traité de la Communauté, *liv. 2. sect. 1. ch. 1. n. 6.* Boguet sur la Coûtume du Comté de Bourgogne, Titre des Gens mariées, sur les mots, *faire Contrat, n. 6. §. 1.* Coûtume de Paris, *art.* 234. 235. *&* 236.

ARTICLE VII.

IL n'y a point de Communauté de Biens entre Mari & Femme, sans convention expresse stipulée par leur Contrat de mariage; mais en ce cas le Mari durant la societé conjugale, est tellement Maître des effets de la Communauté, qu'il peut les vendre, engager, donner & en disposer entre-vifs à sa volonté, sans le consentement de sa Femme, pourvû que ce soit sans fraude & non autrement, & que l'effet de la Dona-

tion ne soit pas remis aprés la dissolution du Mariage,
auquel tems les meubles n'appartiennent pas au Mari
survivant, comme il s'observe au Comté de Bourgogne
entre les Nobles, dont la Coûtume n'est pas suivie à
ce regard.

Notes sur l'Article VII.

LE premier chef de cet Article est tiré du Droit
écrit, qui n'admet point de Communauté entre
Mari & Femme, Arg. *l.* 11. *§.* 15. *ff. ad Senat. Syllan.*
il n'y a qu'un exemple dans le Droit en la Loy
Alimenta 16. *§. qui societatem ff. de alim. & cibar. legat.*
où le Jurisconsulte Sævola parle d'une societé qui
avoit été entre Mari & Femme pendant 40. ans;
mais il semble que cette Loy ne doit s'entendre
que de la Societé dont il est fait mention en la Loy
I. *ff. de ritu nupt. ibi, Nuptiæ sunt divini & humani juris.
communicatio & consortium omnis vitæ.*

Le pouvoir que le Mari a par nôtre Usage de disposer des Biens de la Communauté, c'est-à-dire,
des acquêts, paroît blesser les régles de la societé,
*in societate omnium bonorum omnes res quæ coeuntium sunt
omninò, & continuò communicantur text. in l. 1. §. 1. ff.
pro socio. Rei communis nomine cùm socio agi potest furti si
dolo, vel per fallaciam amovit, vel rem communem celan-
di animo contrectet, l. rei communis 45. ff. eod. nemo ex
sociis plus parte suâ alienare potest, l. nemo 68. ff. eod.* Mais
les mêmes régles ne souffrant pas que la Femme
puisse se liberer des dettes, en renonçant à la Communauté, ainsi qu'il luy est permis à Besançon,
comme dans la plûpart des Païs Coûtumiers: on
ne doit pas trouver si extraordinaire le pouvoir

qu'a le Mari de disposer des acquêts durant le mariage seulement, comme étant le Chef de la societé ; cette faculté est conforme , tant aux principales Coûtumes du Royaume, qu'à l'Article X. du Tit. 2. de celle du Comté de Bourgogne. Le Mari ne peut néanmoins abuser de ce pouvoir , la fraude en est exceptée , elle se presume par l'effet d'un don remis aprés la dissolution du mariage , c'est donner & retenir ; le Mari n'est plus maître des acquisitions en ce tems-là , le droit est dés-lors acquis à la Femme, ou à ses Héritiers , de les partager.

On a dit dans l'Article que les Meubles n'appartiennent pas au Mari survivant, comme au Comté de Bourgogne , parce qu'on ne suit pas à Besançon le §. 2. du Tit. 2. de la Coûtume de Franche-Comté, qui porte qu'entre Nobles , le Mari survivant demeure Seigneur des Meubles ; c'est un avantage particulier que cette Coûtume a accordé aux Maris Nobles contre les principes de la Societé generale , dans lesquels on s'est renfermé à Besançon , autant qu'il a été possible ; si néanmoins les Gens Nobles de Besançon se soûmettoient par leur Contrat de mariage à la Coûtume de Bourgogne , cette soûmission serviroit de fondement au Mari Noble survivant, à se rendre Maître de tous les Meubles.

ARTICLE VIII.

LES Femmes peuvent néanmoins sans Contrat de mariage, participer aux acquisitions des Biens achetés conjointement avec leurs Maris.

Notes sur l'Article VIII.

CET Article est conforme à des anciens Manuscrits contenans quelques Usages de Besançon ; il est dans le fond trés-juste que la Femme co-obligée solidairement avec son Mari pour le fait d'une acquisition, y participe pour une moitié suivant cette Maxime, *qui sentit onus, sentiat & commodum* ; C'est une espece de societé accidentelle qui n'est point condamnée par les Loix ; il n'est pas défendu aux Femmes d'acquerir, soit conjointement avec leurs Maris, soit en particulier du consentement de leurs Maris : Mais si l'acquisition étoit faite des deniers du Mari ou des fruits qui luy appartiennent de la dot, elle seroit en ces deux cas presumée une Donation indirecte, qui devroit être confirmée expressément, ou tacitement par les dispositions dernieres, ou par le decés du Mari ; sauf à la Femme co-obligée dans le Contrat d'acquisition, son indemnité, tant sur la chose acquise, que sur les Biens du Mari. Le Brun dans son Traité de la Communauté, *liv* 3. *ch.* 2. *n.* 46. dit que la Femme qui a acheté conjointement avec son Mari, peut renoncer à la proprieté & abandonner cette Communauté accidentelle, sans préjudice des obligations contractées envers le Vendeur.

ARTICLE IX.

SI le Mari pendant la Communauté rachete ses Fonds, ou acquitte les Rentes ou Cens dont ils sont chargés, ou s'il fait dans ses Biens des réparations con-

ſiderables par rapport aux facultés des Conjoints, ou s'il paye les principaux de ſes propres dettes, les deniers y employés, ſont reputes acquêts ; Il en eſt de même des dettes, cens, rentes, meliorations & procés concernans les Biens de la Femme : Mais ſi par le Contrat de mariage il eſt ſtipulé qu'on ſe conformera à la Coûtume du Comté de Bourgogne, il faut en ce cas ſuivre l'art. 12. du tit. 2. de cette Coûtume.

Notes ſur l'Article IX.

CET Article eſt contraire à la Coûtume de Bourgogne, en ce qui concerne les cens, rentes & dettes du Mari ; l'Article XII. du Tit. 2. de cette Coûtume porte. " Que ſi le Mari pendant le mariage " retrait ou rachete des Héritages, Cens ou Ren- " tes venans de ſon côté, ou s'il les acquitte de " charges & hypotéques, la Femme ou ſes Hoirs " ne pourront prétendre aucun droit d'acquêts ſur " leſdits Héritages, Rentes rachetés ou acquittés, " ny partie du prix ; Et ſi le Mari retrait ou ra- " chete aucun Héritage ou Rente venant du côté " de ſa Femme, ou ſi pendant le mariage il les " acquitte d'aucunes charges ou hypotéques, il, ou " ſes Hoirs ne pourront prétendre aucun droit " d'acquêts aux Héritages, Rentes & Revenus ; " ſauf ſur iceux prendre & avoir la moitié du prix " qu'il en aura payé, ſi ledit prix ne venoit des " propres deniers de la Femme. "

Cet Article eſt contraire au droit commun & à l'équité, de même qu'aux Régles de la Société ; c'eſt pour cela qu'on ne l'a jamais ſuivi à Beſançon, où l'on s'est toûjours conformé au Droit écrit, en la Loy penultiéme, & la Loy *fin. ff. de impens. in res dot. fact.* Garf. *de impens. & melior. c.* 13. *n.* 41. *& c.* 22. *n.* 13. *& tit. de conjug. aquestu n.* 73. Si néanmoins il étoit convenu, soit par une clause expresse ou par une generale, comme il arrive souvent, que le surplus du Contrat de mariage se régleroit par la Coûtume du Comté de Bourgogne, cette convention obligeroit les Conjoints & leurs Héritiers à suivre l'Article XII. cité cy-dessus, parce que cette soûmission à la Coûtume doit operer le même effet entre ceux de Besançon, que la Coûtume entre les Comtois qui se marient, *contractus ex conventione legem accipiunt ;* Si la soûmission à la Coûtume du Comté de Bourgogne emporte l'émancipation de la Fille de Besançon, il n'est pas surprenant qu'elle produise tous les autres effets qui regardent l'état, la fortune & l'établissement des Conjoints ; c'est à eux de s'expliquer par leurs Contrats, & de prendre les précautions necessaires contre les Articles de la Coûtume, ou des Usages de Besançon, qui pourroient à la suite leur faire préjudice.

ARTICLE X.

AVANT *l'Ordonnance de* 1667. *il n'y avoit point de tems réglé pour renoncer aux acquêts, mais depuis* 1684. *que cette Ordonnance fut publiée au Parlement de Besançon, la Femme qui veut renoncer aux acquêts est tenuë de le faire dans le tems y prescrit, passé lequel, elle est reputée commune de plein droit.*

Notes

Notes *sur l'Article* X.

CET Article n'a besoin d'explication, on ne l'a écrit que pour faire connoître l'ancien Usage de Besançon, sur le fait de la renonciation aux Acquêts; & qu'à present on doit suivre l'Article V. du Titre 7. de l'Ordonnance de 1667. mais ce ne peut être qu'à l'occasion des Hommes mariés, decedés depuis la publication de l'Ordonnance, *quia Leges futuris non præteritis negotiis prospiciunt.*

ARTICLE XI.

LA *Femme qui participe aux Acquêts est tenuë de payer la moitié des Dettes de la Communauté, jusques à concurrence néanmoins du profit qu'elle en a tiré, pourvû qu'elle n'ait recelé, ny souftrait aucun effet, auquel cas elle est privée seulement de sa part des effets recelés ou souftraits; & en outre elle est tenuë de payer la moitié des dettes sans diminution.*

Notes *sur l'Article* XI.

CET Article est fondé sur la Régle, *qui sentit commodum, sentiat & onus;* les principes de la Societé ne souffrent pas qu'un des Associés emporte tout le profit, ou une partie, sans supporter à proportion les charges & dettes de la Societé. Nôtre Article est conforme à la Coûtume du Comté de Bourgogne art. 6. 7. 18. & 19. du tit. 2. & à toutes les Coûtumes du Royaume. Mais si la Veuve est con-

vaincuë de recelé, elle est indigne, non seulement
du benefice de la renonciation aux Acquêts, mais
encore de partager le profit de sa mauvaise foy,
c'est-à-dire, les effets recelés ou soustraits ; le Parlement de Besançon l'a ainsi jugé le 4. Juillet 1711.
& on l'a toûjours pratiqué de la sorte à Besançon.
Le Brun en son Traité de la Commun. *liv.* 3. *chap.*
2. *n.* 22. *&* 23. dit qu'on le pratique ainsi dans le
Royaume, Arg. *l.* 48. *ff. ad Senat. Trebell.*

ARTICLE XII.

*L ORSQUE la Femme s'oblige solidairement avec
son Mari pour un fait qui ne la concerne pas en
particulier, elle peut être convenuë par le Créancier,
encore qu'elle ait renoncé à la Communauté ; mais si
elle paye ou acquitte la dette de ses Biens propres, elle
a son recours pour le tout sur les Biens de son Mari,
sans cession, ny subrogation ; outre ses dommages &
interêts.*

Notes sur l'Article XII.

N OSTRE Usage est également juste en tous
ses chefs, parce qu'il n'est pas permis de tromper
un Créancier qui a suivi la foy de l'obligation so-
lidaire de la Femme, sans laquelle il n'eût pas donné ses deniers, ny contracté ; c'est aussi l'opinion de
Loüet & de Brodeau, Let. F. *n.* 17. de Duplessis en
son Traité de la Communauté, *liv.* 1. *chap.* 5. *pag.*
416. Le Brun en son Traité de la Communauté,
liv. 3. *chap.* 2. *n.* 46. Mais la même Justice qui dé-

fend à la Femme de se roidir contre un Créancier,
avec lequel elle a contracté solidairement avec son
Mari, luy accorde son recours sur ses Biens, parce
qu'elle n'est regardée que comme sa caution; Mr. le
Brun en son Traité de la Communauté, *liv.* 2. *chap.*
3. *n.* 3. *&* 28. est de cet avis , & on l'a toûjours
ainsi estimé & jugé à Besançon.   Il n'en est pas de
même lorsque la Femme prend part dans la Communauté , parce qu'en ce cas elle demeure co-
Obligée & co-Debitrice à proportion de la part
qu'elle prend dans les Acquêts , & du profit qu'elle
en tire.   Elle n'a pareillement aucun recours si la
dette la concerne en particulier : au contraire, le
Mari auroit en ce cas son recours sur les Biens de
sa Femme, s'il avoit acquitté la dette de ses propres Biens , sans même aucune cession ny subrogation , Arg. *L.* 3. *C. de his qui in prior. credit. loco
succed.*

Les dommages & interêts sont encore dûs à
celuy qui paye pour autruy , & ce n'est pas assés
de le rembourser de ce qu'on a exigé de luy par
contrainte; il faut de plus l'indemniser des pertes
qu'il peut avoir faites , soit en vendant ou discutant
ses Biens à vil prix , soit par les voyages & autres
frais qu'il a supporté; mais cette indemnité doit
être réglée avec moderation , suivant la Loy *unique,
C. de Sentent. quæ pro eo quod interest feruntur.*

ARTICLE XIII.

LES *Joyaux & Doüaire ne sont dûs à Besançon
que par convention expresse , à laquelle les Conjoints doivent se conformer.*

Notes sur l'Article XIII.

QUAND on voudroit rapporter les Joyaux qu'on a coûtume de promettre aux Femmes par les Contrats de mariage au Titre du Code *de Donat. ante Nupt.* & le Doüaire aux liberalités dont il est parlé dans le Titre du Code *de Donat. propt. Nupt.* Il faudroit convenir qu'ils ne seroient dûs que par Contrat en Païs de Droit écrit, qui ne fait point de réglement sur cette matiere, & en laisse la disposition à la volonté des Parties : on ose dire que les Femmes ont porté ces deux Chefs à un si grand excés, qu'aprés les Contrats de mariage il ne reste presque plus rien aux Maris pour tester, & qu'il seroit du bien public de mettre des bornes à l'avidité & à la vanité du Sexe, par un Réglement qui l'obligeât à se contenter de Joyaux, Doüaire & autres liberalités plus proportionnés aux qualités des Conjoints, & aux facultés des Maris.

Mais si on avoit obmis de régler le Doüaire par le Contrat de mariage, & que néanmoins on eut stipulé la soûmission à la Coûtume du Comté de Bourgogne ; cette soûmission donneroit à la Femme le droit de prendre son Doüaire sur les Biens de son Mari, sur le pied du *s.* 3. du Tit. 2. de cette Coûtume, qui régle le Doüaire entre Nobles à la moitié des anciens héritages du Mari, & au tiers de la dot entre Bourgeois. Ce tiers & cette moitié ne s'entendent que de la joüissance & non de la proprieté, c'est-à-dire, qu'on régle une somme annuelle par rapport au revenu de la moitié des Biens anciens du Mari, ou par rapport au tiers du reve-

nu de la dot de la Femme ; mais les Joyaux ne sont
pas plus dûs au Comté de Bourgogne qu'à Besançon, sans convention.

ARTICLE XIV.

*LE Doüaire qui a été simplement stipulé sans con-
dition n'est pas sujet à reduction en cas d'Enfans,
s'il n'en a été autrement convenu par le Contrat de
mariage, ou si les Parties ne se sont soûmises par ce
Contrat à la Coûtume du Comté de Bourgogne.*

Notes sur l'Article XIV.

LA raison de cet Article consiste en ce que la
reduction du Doüaire à la moitié, en cas d'existence
d'Enfans survivant, n'est établie que par la Coûtume du Comté de Bourgogne, non suivie à Besançon, qui a toûjours été une Ville libre & inde-
pendante des Comtes de Bourgogne, avant le Concordat fait en 1664. avec Philippe IV. Roy d'Espagne, par lequel cette Cité fut maintenuë dans
tous ses Droits & Privileges.

Et comme par le Droit Ecrit, la Femme qui se
remarie n'est privée que de la proprieté, & non
de la joüissance des liberalités de son Mari, selon
la Loy *Femina, C. de sec. Nupt.* & l'Auth. *hoc locum,
C. si mulier sec. Nupt. cui marit. usumfr. reliquit ;* la Femme
qui passe en secondes Nôces ne doit pas être privée de son Doüaire, ny pour le tout, ny en partie,
si cette peine n'est stipulée par le Contrat de mariage, ou par une soûmission à la Coûtume de

Bourgogne, qui est une Loy qu'on peut adopter
en se mariant.　La Femme qui se remarie peut encore perdre la joüissance de ce que son Mari luy
a laissé par Testament, sous condition de viduité.
D. Auth. *hoc locum.*

ARTICLE XV.

LE *Doüaire doit se payer par tous les Enfans de
differens lits, qui sont Héritiers de leur Pere,
& à proportion de leur cotte héreditaire, s'il n'y a
convention contraire, ou soûmission à la Coûtume du
Comté de Bourgogne.*

Notes sur l'Article XV.

L'USAGE de Besançon est contraire en ce point
à la Coûtume du Païs, ſ. 17. du Tit. 2. qui déclare que le Doüaire doit se prendre sur les Enfans
de la Doüairiere & de son Mari, & à ce défaut
sur les autres Enfans du Mari; ce qui semble blesser
les principes du Droit Ecrit, qui veulent qu'une
dette, comme le Doüaire, soit payée par tous les
Héritiers du Mari, sans autre distinction, que de
la cotte héreditaire; c'est ce qui a été suivi à Besançon, & il paroît que la Coûtume de Franche-
Comté ne s'est éloignée de la Régle que pour rendre les Enfans du lit de la Doüairiere Debiteurs
principaux du Doüaire de leur Mere, & ceux des
autres lits Fidejusseurs ou caution subsidiaire.
Nôtre Article est encore observé à Besançon à
l'égard du Droit d'habitation qu'on a coûtume
d'accorder aux Femmes en cas de viduité par le

Contrat de mariage, parce que c'eſt une dette commune à tous les Héritiers du Mari. La Coûtume de Franche-Comté ne parle point de ce Droit, non plus que des Joyaux, elle ſemble donc avoir laiſſé cette matiere à la diſpoſition du Droit Ecrit, qui eſt ſuivi en cette Province, dans les cas non réglés par la Coûtume.

Nôtre Uſage ceſſe à l'égard du Doüaire, ſi les Parties en ont convenu autrement, ou ſe ſont ſoûmiſes à la Coûtume du Païs.

Mais tous ces avantages de Doüaire, d'Habitation & de Joyaux, ſont ſujets au retranchement prononcé par la Loy *hac edictali, C. de ſec. Nupt.* le Droit d'habitation s'éteint par le remariage de la Veuve ; elle perd encore la proprieté des Joyaux Nuptiaux par le convol en ſecondes Nôces, ſi elle a des Enfans, *L. Femina, C. eod.*

ARTICLE XVI.

DANS tous les autres cas le Doüaire ſe régle, tant par la Coûtume du Comté de Bourgogne, que par les Uſages & Maximes de cette Province.

Notes ſur l'Article. XVI.

ON a jugé cet Article neceſſaire pour ſe determiner dans les differentes queſtions qui peuvent naître ſur le Doüaire, il paroît plus naturel de s'en rapporter aux Uſages du Comté de Bourgogne qu'à d'autres, parce que les Matieres douteuſes doivent plûtôt ſe régler par ce qui s'obſerve chés les Voiſins, que par ce qui ſe pratique dans les Païs plus éloignés. D'autant plus que la Ville de Besançon est située au milieu du Comté de Bourgogne, dont elle a été déclaré la Capitale par S. M. T. C. Jule Cesar l'appelle SᴇQᴜᴀɴᴏʀᴜᴍ Mᴀxɪᴍᴀ. Mais on doit toûjours s'arrêter à la convention des Parties qui donne la Loy aux Contrats, & forme la decision de leurs contestations, Bouvot sur le mot *Coûtume q. 2.*

ARTICLE XVII.

LES *fruits des Fonds appartenans à la Femme, & les Intérêts de ses deniers dotaux sont dûs au Mari du jour du terme stipulé & échû, sans aucune requisition, lesquels intérêts se payent au denier vingt, s'il n'y a convention contraire, ou soûmission à la Coûtume du Comté de Bourgogne. Et à l'égard de la Femme ou de ses Héritiers, lorsque le Contrat de mariage porte une stipulation de Communauté, les fruits & interêts des mêmes Fonds & deniers dotaux, sont dûs du jour de la dissolution du Mariage & de la Communauté; Mais si la Communauté n'a pas été stipulée, on suit alors la disposition du Droit Ecrit.*

Notes *sur l'Article* XVII.

PAR l'Article VIII. du Titre 2. de la Coûtume du Comté de Bourgogne, les interêts de la dot sont dûs au Mari au dix pour cent entre les Nobles, & au denier vingt entre les Bourgeois; mais on ne distingue point à Besançon les Nobles d'avec les Bourgeois en cette Matiere, si ce n'est lorsque

les

les Parties se sont soûmises à la Coûtume de Bourgogne. La faveur des Contrats de mariage dont
le Mari supporte les charges, le dispense de faire
des interpellations aux Parens de sa Femme, aussi-
bien qu'aux siens propres pour le payement de
ce qui a été promis, parce qu'ils sont assés requis
par le terme stipulé par le Contrat dont les clauses
doivent être exécutées de bonne foy, puisque
c'est un Contrat également solemnel, commutatoire, onereux & publique; voilà ce qui regarde
les interêts & les fruits de ce qui a été promis par
Contrat de mariage.

A l'égard des fruits & interêts dûs à la Femme
ou à ses Héritiers, depuis la dissolution du mariage,
l'Usage est de suivre le Droit Ecrit; la Loy *unique*
§. 7. C. de rei Uxor. act. decide que les Fonds doivent être d'abord rendus à la Femme ou à ses Héritiers; mais elle accorde le délay d'un an au Mari
ou à ses Héritiers, pour rendre la dot en Argent &
en Meubles; elle les charge néanmoins pendant ce
délay de la nourriture & de l'entretien de la Femme,
lorsqu'elle n'a pas d'ailleurs de quoy subsister.

Mais ces Maximes generales tirées du Droit Ecrit,
n'ont pas lieu dans l'espece d'une Communauté stipulée par le Contrat de mariage, laquelle venant à
se dissoudre par le decés du Mari, il ne seroit pas
juste de retenir les Biens de la Femme dans le tems
qu'elle a droit de reconnoître, distinguer & partager les Effets de la Communauté, & de relever sa
dot avec ses droits de Mariage; c'est dans les circonstances de cette Communauté que le Parlement
de Besançon rendit Arrêt le 28. Juillet 1707. au Rapport de Mr. Camus, en conformité de nôtre Article.

D

ARTICLE XVIII.

LES Acquêts aufquels la feconde Femme & les fuivantes font affociées par leurs Contrats de mariage, ne paffent point pour liberalité du Mari.

Notes fur l'Article XVIII.

CET Article eft un des plus importans des Ufages de Befançon, il y a des Arrêts pour & contre au Parlement de cette Ville ; de forte que c'eft une neceffité de trancher une queftion qui a fi fouvent partagé les Efprits, & qui a failli plufieurs fois de troubler les principales Familles de cette Ville ; ce qui n'eft arrivé, que parce que les Anciens ont negligé de faire rediger par écrit les Ufages de la Cité, avant la conquête de laquelle on ne mettoit pas dans le nombre des liberalités la participation aux Acquêts accordée aux feconde & troifiéme Femmes, & cette participation n'étoit pas fujette à retranchement. Mais depuis la conquête de Befançon l'on a commencé à contefter la plûpart des Ufages de cette Ville ; celuy contenu dans nôtre Article, fut premierement difputé en 1686. entre les Enfans des deux lits du Procureur Perrin, Citoyen de Befançon ; ceux du premier lit foûtenoient que la Communauté accordée à la feconde Femme étoit une liberalité d'autant plus confiderable, que les acquifitions qui étoient de grande valeur, avoient été prefque toutes faites pendant le fecond mariage, & qu'en confequence elles étoient fujettes à la difpofition de la Loy *hac edictali*, *C. de fec. Nupt.* qui défend au Mari, de donner à fa feconde Femme plus qu'à celuy de fes Enfans du premier lit qui prend le moins dans sa succession. Les Enfans du second lit répondoient que le retranchement ordonné par la Loy cy-dessus, ne pouvoit avoir lieu dans l'espece d'une Communauté conventionnelle ou coûtumiere, qui étoit inconnuë aux Compilateurs du Droit Romain ; que la Communauté n'est autre chose qu'une Societé, qui peut se contracter aussi-bien avec une Femme, qu'avec un Etranger ; que la dot & l'industrie de la Femme contribuoient souvent aux acquisitions ; que le Mari qui ne fait que suivre un Usage universel, n'est pas censé faire une liberalité, ny commettre une fraude ; que la Femme pourroit au défaut de la Communauté stipuler, que ses Biens presens & à venir luy demeureroient, tant en proprieté, que joüissance comme parafernaux, suivant les Loix 8. & *fin. C. de pact. convent.* que la participation aux Acquêts est un profit incertain, qui assujettit encore la Femme aux dettes : c'est ainsi que le Parlement de Besançon decida en faveur des Enfans du second lit du Procureur Perrin en 1686. Il rendit un semblable Arrêt en 1688. entre les Créanciers & les Héritiers du Marchand Badoz de la même Ville, & en 1695. pour la Veuve Perret. On dit qu'il y a eu dés-lors quelques Arrêts contraires, non pas precisément sur le fait du retranchement, mais sur la proprieté des Acquêts, dont on prétendoit dépoüiller la Femme qui s'étoit remariée, & l'obliger du moins à les reserver aux Enfans de son premier Mariage, aux termes de la Loy *Femina*, & de la Loy *Generaliter, C. de sec. Nupt.* ces Loix ne peuvent néanmoins servir de décision dans une Matiere inconnuë au Legislateur, elles privent la Femme qui se remarie de toutes les liberalités de son Mari, *quidquid sponsalium jure, vel Nuptiarum solemnitate perceperint* , &c. Ce sont les termes de la Loy *Femina* ; il n'y a en cela aucun rapport à la Communauté stipulée par un Contrat de mariage ; la Loy ne defend point la Societé conventionnelle entre Mari & Femme ; le Mari ne fait point de grace à la Femme en l'associant avec luy ; la Societé est un Contrat mutuel & commutatoire ; c'est donc une erreur de croire que le profit qui vient de cette Societé, soit sujet aux peines des secondes Nôces, tant à l'égard du retranchement prononcé par la Loy *hac edictali*, qu'à l'égard de la perte de la proprieté decidée par la Loy *Femina :* car il faut se renfermer dans un principe certain, qui est, que ces Loix ne resistent qu'aux liberalités : la Communauté n'a point cette qualité, elle est même plus avantageuse au Mari qu'à la Femme, parce que celle-cy n'a pas droit d'empêcher son Mari de dissiper les Acquêts, tandis qu'en consideration d'un profit incertain, elle donne à son Mari la jouïssance de ses Biens presens & à venir, qu'elle auroit pû se reserver pour le tout ou en partie, & en faire pour elle seule des acquisitions.   Il est vray que toutes les Femmes ne sont pas riches & industrieuses ; mais si on vouloit entrer dans quelque distinction en cette matiere, on donneroit lieu à une infinité de Procés ; il est du bien public de s'en tenir à une Régle generale, & de decider que les Biens acquis par droit de Communauté, ne sont sujets, ny à la disposition de la Loy *hac edictali* , ny à la Loy *Femina* , ny même à la reserve dont parle l'Auth. *Uxore mortua , C. de sec. Nupt.* parce que si le droit de Communauté n'est pas une liberalité, comme on vient de l'établir , il

s'enfuit que la Femme eft maîtreffe abfoluë du profit qu'elle en tire , & que les Enfans du premier lit
n'y ont pas plus de droit que ceux du fecond. Mr.
le Brun en fon Traité de la Communauté , *liv.*
1. *chap.* 3. *n.* 48. eftime que la participation aux
Acquêts des Biens à venir , qui font ceux que nous
reconnoiffons au Comté de Bourgogne, n'eft point
une liberalité en Païs de Droit Ecrit. Henry , *tom.* 1.
liv. 4. *chap.* 5. *q.* 57. Loüet , *let. A. n.* 1. Ferriere fur
la Coûtume de Paris , *art.* 229. *n.* 8. l'Auteur des
Notes fur Dupleffis, Titre de la Communauté , *page*
426. Brillon dans fon Dictionnaire fur le mot *Affre-
rement n.* 2. Garf. *de expenf. cap.* 13. *n.* 14. font de cet
avis ; & fur ce principe qui paroît certain , on eftime
que le profit de la Communauté appartient à la
Femme, premiere, feconde ou troifiéme , comme
fon Bien propre , nullement fujet aux peines des
fecondes Nôces : Le Parlement l'a encore ainfi jugé au Rapport de Mr. de Fontain le 20. Mars 1717.
en la Caufe de Claude - Pierre , & Pierre - Jofeph
Guyetan freres de la Chaux , Appellans & Défendeurs d'une part , Claude-Henriette Piard , Intimée
& Demanderefse d'autre part ; l'Arrêt porte ces
mots. *Sans que ladite moitié d'Acquêts puiffe être com-
prife au nombre des liberalités reductibles à la part du moins
prenant des Enfans.*

A R T I C L E XIX.

LES Habits de deüil font dûs à la Veuve par
les Héritiers de fon Mari , encore qu'elle ait
renoncé à la Communauté , fuivant néanmoins les
qualités & facultés des Perfonnes.

Notes sur l'Article XIX.

CETTE question a trouvé des Partisans, pour & contre; les uns ont soûtenu que le Mariage étant dissout par le decés du Mari, c'est à la Femme qui reprend sa dot, de s'habiller & qu'elle doit pleurer à ses frais la perte de son Mari , Garf. *de expenf. cap.* 8. *n.* 86. est de cet avis. D'autres estiment au contraire , que le deüil faisant partie des frais funeraires, il tombe à la charge des Héritiers du Mari, c'est le sentiment de Mr. le Brun en son Traité de la Communauté , *liv.* 2. *chap.* 3. *n.* 38. *&* 39. il soûtient même que les Habits sont dûs à la Veuve qui a accepté la Communauté, comme à celle qui y a renoncé. Il y en a qui veulent que si la Veuve est riche, elle doit porter le deüil à ses frais, mais tous les Docteurs sont d'avis que l'Usage doit régler cette difficulté ; c'est suivant l'Usage de Besançon que nôtre Article a été compilé, & cet Usage a été confirmé par Arrêt du Parlement de Besançon du 21. Janvier 1709. en faveur de la Dame Veuve de Mr. le Conseiller Boizot fils , de cette Ville, contre Mr. le Conseiller Boizot, Pere de ce dernier, sans s'arrêter aux grands Biens de ladite Veuve : Si néanmoins la Veuve étoit Legataire de son Mari d'une somme ou valeur considerable , elle ne pourroit prétendre des Habits de deüil, suivant l'opinion de Fontanella *de pact. clauf.* 7. *gl.* 3. *p.* 6. *n.* 101. aprés Cancer. *var.* p. 1. *chap.* 9. Tit. *de dot. & donat. propt. Nupt. n.* 41. Bouvot sur le mot, *Société*, *q.* 4. estime que les Héritiers de la Femme doivent fournir des Habits de deüil au Mari.

ARTICLE XX.

IL n'est pas permis aprés la celebration du Mariage, de deroger sous quel pretexte que ce soit, aux Conventions matrimoniales, & toutes Contre-lettres sont pareillement nulles & de nulle valeur.

Notes sur l'Article XX.

ON a crû devoir écrire cet Article pour couper racine aux fraudes qui se commettent souvent à l'égard des Contrats de mariage, dont la foy doit être inviolable, tout ce qui y est contraire, est presumé frauduleux ou forcé ; les Enfans de Famille pour avoir un Parti avantageux font des contre-Ecrits à leurs Peres & Meres, les Conjoints qui n'ont pas le pouvoir de se donner directement, se font des dons indirects par le desistement de leurs principaux droits ; toutes les Nations ont condamné ces sortes d'Actes, & le Parlement de Besançon a rendu un Arrêt conforme à cette Maxime en faveur du Sr. de la Haye Citoyen, au Rapport de Mr. le Conseiller Coquelin le 30. Juillet 1707. Bouvot sur les mots, *Deniers de Mariage*, *q. 7.* & Robert *rer. judic. liv. 1. chap. 2* en rapportent des Arréts. Mais il n'est pas défendu aux Enfans émancipés de traiter avec leurs Peres sur leurs portions de Biens paternels & maternels, échûs & à écheoir, pourvû qu'il n'y ait point de violence, ny de lezion considerable, Faber *defin. 8. C. de restit. in integr.* en rapporte une decision du Senat de Savoye; le Parlement de Besançon l'a ainsi jugé au Rapport de Mr. le Conseiller de Cour-

bouzon le 18. Mars 1712. parce qu'il ne paroiſſoit
ny force ny leſion , & qu'il y auroit de la dureté
d'ôter aux Peres qui ont le pouvoir de régler leurs
Enfans , la liberté de faire des accommodemens
avec eux ſur leurs portions de Biens échûs & à
écheoir , afin d'établir la tranquillité dans leurs Familles.   Nôtre Article eſt conforme aux anciennes
Ordonnances du Comté de Bourgogne, *art.* 316. de
la ſuite.

ARTICLE XXI.

IL eſt permis dans les Contrats de mariage de faire
des inſtitutions contractuelles , promeſſes d'égalité ,
& de ſtipuler des renonciations , ſauf à ſe pourvoir
contre les renonciations , s'il y a leſion.

Notes ſur l'Article XXI.

CET Article eſt contraire à la diſpoſition du
Droit Ecrit , ſuivant lequel, *pactis dari nec adimi hæ-*
reditas poteſt, l. fin. C. de pact. l. pactum dotale , & l. hæ-
reditas, C. de pact. convent. Mais la faveur & la neceſſité des Contrats de mariage ont porté tous les Tribunaux à paſſer ſur cette Maxime, ſans préjudicier
néanmoins aux Droits de retour & de caducité,
dont il eſt parlé en la Loy *dos à Patre, C. ſoluto matrim.*
l. un. ſ. ea etenim, C. de caduc. toll. l. jure ſuccurſum, ff.
de jure dot. Il ne faut pas confondre ces deux Droits,
le Parlement de Beſançon en fit la diſtinction par
un Arrêt du 3. Decembre 1710. entre la Veuve
Boudret & Varin , qui jugea qu'il y avoit lieu à la
caducité , lorſque les Pere & Mere ſont bons &
riches

riches leurs Enfans en telle portion de Biens qui pourroit leur avenir aprés le decés des Pere & Mere, parce que cette promeſſe n'eſt conſiderée que comme une eſperance de ſucceder, ou un avancement d'hoirie, qui n'a ſon effet que par la ſurvie de l'Enfant ; mais s'il meurt ſans hoirs avant ſes Pere & Mere, la promeſſe devient caduque ; on le jugea ainſi au Rapport de Mr. Talbert le 11. Fevrier 1705. & dés-lors cette queſtion ne ſouffre plus de difficulté ; les Arrêts cy-deſſus ſont fondés ſur les autorités de Fontanel. *de paƈt. Nupt. cl. 4. gl. 9. p. 5. n.* 10. Cancer. *var. reſol. p. 3. c. 7. n.* 87. *& ſeq.* Molin *de primog. lib.* 3. *c.* 10. *n.* 17. Gregor. Tholoſ. *in ſyntag. lib.* 41. *de aƈt.* 7. *n.* 17. *in fin.* Boër. *deciſ.* 172. *n.* 6. le Brun des Succeſ. *liv.* 3. *c.* 2. *n.* 33. 35. *& 42,* Ricard des Donat. entre-vifs, *p.* 1. *c.* 4. *ſeƈt.* 2. *diſt.* 2. *n.* 1074. *&* 1075. Châſſan. ſur la Coûtume de Bourgogne, *ſ.* 6. Titre des Succeſſions, ſur les mots, *Mais le Pere ſuccedera ſeul.*

Mais le retour ſuppoſe un droit acquis par un don fait en avancement d'hoirie, ce que nous appellons, par maniere d'aiſance, dont l'Enfant peut diſpoſer, s'il eſt émancipé ; & à ce défaut, le don paſſe au plus prochain Héritier plûtôt qu'au Donateur, ſelon qu'il fut jugé par l'Arrêt du 3. Decembre 1710. Les Biens ainſi donnés peuvent être hypotéqués, tant pour la dot & les droits de la Femme, qu'envers des Etrangers, parce qu'ils appartiennent aux Enfans, *L.* 4. *C. de collat.* ce qui n'a pas lieu à l'égard des Biens promis aprés le decés des Pere & Mere ; le Brun Traité des Succeſſions, *liv.* 1. *chap.* 5. *ſeƈt* 2. *n.* 3.

Les Enfans peuvent par leurs Contrats de ma-

E

riage renoncer à tous droits échûs & à écheoir, moyennant le don à eux fait; Mais ils en sont relevés s'il y a surprise, violence, ou lesion considerable, par rapport aux circonstances du fait, à la condition, aux facultés, à la majorité & à la minorité des Enfans.

Le Pacte d'égalité dont il est parlé dans nôtre Article est fort usité au Comté de Bourgogne, aussi bien qu'à Besançon, & il n'est pas permis d'y contrevenir, directement, ny indirectement; il est tiré de la Constitution 19. de l'Empereur Leon, que nous suivons à cet égard.

On peut faire des Contrats de mariage aprés la celebration des Nôces, pourvû qu'il n'y ait point de convention qui blesse l'Usage & la Coûtume, *L. 1. ff. de pact. dot. pascisci post Nuptias, etiamsi nihil antè convenerit, licet.* Journal des Audiences, *liv. 11. chap.* 16. le Brun en son Traité de la Communauté, *liv.* 1. *chap.* 3. *n.* 32. *&* 33. rapporte des Arrêts qui ont confirmé des Articles de mariage sous écriture privée, anterieurs à la Benediction Nuptiale, & suivie d'un Contrat fait aprés le Mariage.

TITRE III.

Des Successions.

ARTICLE I.

ES Successions *se réglent à Besançon par le Droit Ecrit.*

Notes sur cet Article.

COMME Besançon étoit une Ville Imperiale & libre avant qu'elle se donna au R. C. par le Concordat de 1664. on y a toûjours suivi le Droit Ecrit en matiere de Succession ; la Novelle 118. dont on a tiré, l'Auth. *defuncto, C. ad Senat.* Tertyl. sert icy de Régle, s'il n'y a convention ou disposition contraires, parce que cette Novelle ne contient que le Réglement des Successions *ab intestat*, & que la volonté de l'Homme fait cesser la disposition de la Loy, sans préjudice néanmoins de la legitime dûë aux Descendans & aux Ascendans.

ARTICLE II.

S'IL *est stipulé par les Contrats de mariage, soit en termes generaux, soit par une clause particuliere, qu'on se conformera au Droit Ecrit, ou aux Usages de Besançon, les Contractans & leurs premiers*

Héritiers doivent se regler par la disposioion du Droit Romain, en ce qui regarde les Successions aux Biens situés, tant dans les Ville, ancien Territoire & Banlieuë de Besançon, que dans le Comté de Bourgogne. Et pareillement si on a stipulé de se régler par les Coûtumes & Usages du Comté de Bourgogne, on suivra en matiere de Successions à l'égard des Contractans, & de leurs premiers Héritiers la disposition des mêmes Coûtumes & Usages, sans aucune distinction de la situation des Biens. Les conventions cy-deßus n'auront néanmoins aucun lieu, lorsque les Conjoints en auront disposé autrement, soit par Donation à cause de mort, Testament ou autres dispositions valables, soit par Contrat entre-vifs dans les cas permis par le Droit Ecrit.

Notes sur l'Article II.

CET Article est fort considerable, il est du bien public de ne pas laisser un fait de cette importance sans une decision certaine. Tous les anciens Avocats & Praticiens de Besançon ont toûjours crû régler le cas des Successions des Peres & Meres à leurs Enfans, par la soûmission generale, soit à la Coûtume du Païs, soit aux Usages de Besançon; & que cette soûmission ne concernoit pas seulement l'Etat & les Droits des Gens mariées, comme on l'a expliqué dans le Titre II. mais qu'elle renfermoit encore la matiere des Successions, parce qu'il n'y a point de Coûtume ny d'Usage dans le Comté de Bourgogne, ny à Besançon qui défende de se marier suivant les Loix du Païs ou de cette Ville, &

qu'il eft permis aux Conjoints de difpofer de leurs
Biens à leur volonté , & confequemment ils ont la
faculté d'opter par leurs Contrats de mariage telle
Coûtume qu'ils eftiment la plus convenable à leur
interêt.   Celle du Comté de Bourgogne , *§. 2.* du
Titre des Succeffions , ne veut pas que les Succeffions montent en ligne directe , fi ce n'eft au regard
des Meubles, Acquêts & Donations faites par les
Pere & Mere , au lieu que le Droit Ecrit accorde les
mêmes droits aux Afcendans qu'aux Defcendans ,
fans aucune diftinction de Biens en fonds , anciens,
acquis , ou de ligne ; c'eft pour éviter cette difference que les Contractans optent l'une ou l'autre
des Coûtumes : Cette option qui rend égal , reci-
proque, & indiftinct le droit des Contractans pour
fucceder à leurs Enfans *ab inteftat*, paroît trés-équitable : car il ne feroit pas jufte que les Comtois vinf-
fent recuëillir les Biens fitués à Befançon , tandis
que ceux de cette Ville fe trouveroient empêchés
par la Coûtume de Franche-Comté, de fucceder aux
Biens fitués dans la Province ; les Citoyens de Befançon peuvent fans contredit acquerir des Biens
dans la Franche-Comté , comme les Comtois à Befançon , ils en font également capables par toute
forte de Contrats & de difpofitions ; les Comtois
ont la liberté de deroger par leurs Conventions matrimoniales à la Coûtume de Bourgogne, ceux de
Befançon ont & doivent avoir la même liberté ,
foit en époufant des Comtoifes , ou en fe mariant
avec des Filles de cette Ville.   Enfin une foûmiffion
indéfinie à une Coûtume renferme tous les cas qui
ont relation au Mariage, & au decés des Enfans,
Generalis claufula refpiciens plura determinabilia , ea æqua-

liter determinat , & semper in stipulationibus sequimur quod actum est , aut si non appareat quid actum sit , consequens erit ut id sequamur quod in regione in quâ actum est frequentatur , L. 34. ff. de reg. jur. La faveur des Biens de ligne ne mérite point d'attention, parce qu'il est hors de doute , qu'on peut en disposer par Testament , Donation à cause de mort , ou entre-vifs.   Il est donc permis d'ôter aux Parens de la ligne l'esperance d'y succeder par la soûmission generale aux Usages de Besançon, où le Droit Ecrit est suivi.   Mais suivant ce même Droit , il n'est pas permis aux Conjoints de se donner entre-vifs , *ne mutuo amore spolientur ,* L. 1. 3. & 4. C. de donat. int. Vir. & Uxor. ils doivent être autorisés de leurs Peres , s'ils sont sous leur puissance , & en ce cas ils ne peuvent tester ; & lorsqu'ils se donnent entre-vifs , leur don n'a son effet qu'aprés leurs decés , *quia confirmatur morte donantis ,* pourvû qu'il n'y ait point d'Acte revocatoire, *d.* L. 1. C. de donat. int. Vir. & Uxor. On diroit envain que la soûmission aux Coûtumes & Usages de Besançon priveroit pour toûjours les Parens de la succession aux Biens de ligne ; cette objection n'a pour fondement que l'erreur, parce que nôtre Article ne passe point les Contractans , & leurs premiers Héritiers ; & dés que les Contractans ont usé de leurs droits , l'effet de la soûmission aux Usages optés, se trouve consommé & parfait ; les Biens de ligne peuvent d'ailleurs changer de nature par les differentes dispositions de ceux qui les possedent, & ils ne sont pas affectés irrevocablement aux Parens de la ligne. Bouvot sur le mot, *Société, q.* 3. dit avoir été jugé, que si par un Contrat de mariage on a stipulé de se régler par la Coûtume d'un Lieu ;

il faloit suivre *in totum* la même Coûtume, notam-
ment lorsque comme dans nôtre espece, elle n'eſt
pas prohibitive, & qu'elle n'empêche pas de diſpoſer des Biens de ligne en faveur des Etrangers;
Brodeau ſur Loüet , *let. C. n.* 42. ſur la fin, eſt de
même avis, & on n'a point jugé le contraire, ny
entre des Comtois , ny entre des Citoyens de Beſançon, ny entre les deux.

ARTICLE III.

*L*ES *Biens meubles , immeubles & autres , de
quelle eſpece ils ſoient ſitués dans les Ville, ancien Territoire & Banlieuë de Beſançon, delaiſſés par
les Gens de condition Main-mortable décedés dans
leſdites Ville, ancien Territoire & Banlieuë , appartiennent à leurs plus proches Parens , ou à ceux en faveur deſquels ils en ont diſpoſé, à l'excluſion de leurs
Seigneurs ; pourvû néanmoins que leurs Sujets main-
mortables ayent demeuré l'an & jour dans leſdites
Ville, ancien Territoire & Banlieuë, ſans payer aucune Taille, ny faire aucune courvée à leurs Seigneurs,
& que ceux-cy ne les ayent revendiqué , comme il a
été dit cy-devant, ſans deroger aux exceptions prece-
dentes.*

Notes ſur l'Article III.

*C*ET Article eſt fondé , non ſeulement ſur l'Uſa-
ge , mais encore ſur les Déclarations des Empereurs
Sigiſmond , Charles IV. Venceſlas, Frederic, Charles
V. & autres , qui ſont dans les Archives de la Cité,

où l'on ne trouve point le cas de revendication
contenu dans cet Article; au contraire la Déclaration de l'Empereur Venceslas porte, que le Sujet
joüit des Privileges y énoncés, *licèt abierit invito Domino.* Mais les anciens Magistrats ont trouvé bon
de faire cette grace aux Seigneurs, afin de vivre avec
eux en bonne intelligence, & de leur ôter tout sujet
de plainte, au préjudice même des Privileges & des
interêts de la Cité, où la servitude a toûjours été
odieuse comme dans la Ville de Rome, *L. in Orbe, ff.
de statu Hom.* Les Seigneurs ont d'autant moins lieu
de se plaindre, que les Gens de Main-morte peuvent par la Coûtume de Franche-Comté disposer
entre-vifs de leurs Meubles & Biens francs, sans le
consentement de leurs Seigneurs; & comme ceux
qui décedent à Besançon ne peuvent y laisser que
des Biens de cette espece, & que les Seigneurs ne
sont pas empêchés de s'emparer des autres Biens
situés dans la Province, il paroît que les Privileges
cy-dessus ne leur sont pas grand préjudice, non plus
que les exceptions contenuës dans l'Article III.
du Titre 1. des Usages de la Cité, parce que la revendication est une grace que les Magistrats ont
bien voulu accorder aux Seigneurs, & à laquelle ils
ont pû & peuvent apporter des limitations en faveur des Filles de Main-morte, qui épousent des
Citoyens, & qui sont dans la necessité de suivre
leurs Maris; il en est de même des Curés, Vicaires
& autres Ecclesiastiques obligés de s'acquitter de
leurs devoirs, & à cet effet de resider à Besançon
pour la desserte de leurs Benefices. D'ailleurs si
ceux de franche condition qui vont resider en Lieu
de Main-morte par necessité, ne perdent pas leur

liberté,

liberté, suivant la Coûtume de Franche-Comté; il n'est pas surprenant que les Ecclesiastiques de Main-morte qui viennent s'habituer à Besançon par la necessité de la desserte, & les Femmes pour suivre leurs Maris, joüissent des Privileges de la liberté: car si dans le cas d'une residence par necessité, les Souverains ont fait cesser l'effet de la Main-morte qui se contracte par la residence de l'an & jour dans un Païs où elle a lieu; on ne doit pas trouver extraordinaire, ny injuste qu'elle cesse de produire son effet, lorsque des Gens de Main-morte viennent demeurer à Besançon par des engagemens de necessité, puisque c'est une Ville où la Main-morte n'a point d'usage, comme dans le Comté de Bourgogne.

Le Privilege contenu dans nôtre Article est d'autant moins extraordinaire, qu'il y en a un semblable à Rome, à Toulouse & à Bourge, dont il est fait mention par Mr. d'Oncieu en son Traité de la Main-morte, *chap.* 35. *n.* 35. Bened. *de Testam. in verb.* & *Uxor. n.* 494. & Boër. sur la Coûtume de Bourge rapportent le même Privilege: Faber, *defin.* 4. *C. de præscript. quæ pro libert. competit.* Boguet sur le ſ. 1. du Tit. de la Main-morte, sur les mots, *quelque part il voise demeurer, n.* 2. 3. & 4. Chassan. sur la Coûtume du Duché de Bourgogne, ſ. 2. du Tit. de la Main-morte, *in verb. quelque part que ce soit.*

On ne peut contester ce Privilege à Besançon, puisque tous les Privileges de cette Ville ont été confirmés, tant par le Traité fait en 1664. avec le Roy d'Espagne, Comte de Bourgogne, que par les Capitulations de cette Ville des années 1668. & 1674.

F

TITRE IV.
Des Retraits.
ARTICLE I.

LES *Seigneurs feodaux ou Censiers n'ont pas droit de retirer les Héritages vendus dans les Ville, ancien Territoire & Banlieüe de Besançon, & il n'est pas permis de stipuler le droit de Retenuë, non pas même par les Contrats Emphitéu-tiques.*

Notes sur cet Article.

QUOYQU'ON suive à Besançon le Droit Ecrit, il y a néanmoins des cas où l'on s'en est éloigné ; nôtre Article est du nombre : car il est contraire à la Loy *fin. C. de jure Emphit.* par laquelle il est permis aux Seigneurs de stipuler le droit de Rete-nuë ou de Retrait par les Contrats Emphitéutiques, & d'user de ce droit en cas de vente du Fonds donné à Titre d'Emphitéose ; mais ce Droit ayant paru aux Magistrats de Besançon blesser la liberté d'une Ville, qui sur la foy d'Historiens graves, se prétend plus ancienne que Rome de plusieurs siécles ; ils n'ont jamais voulu le souffrir, ny s'assujettir en ce point aux Loix Romaines ; cette verité est attestée de Mr. d'Ancier en son Livre qui est gardé dans les Archives de la Cité, *feüil.* 65. & toutes les fois que les Magistrats ont découvert des conventions, contenans le droit de Retenuë, ils les ont fait rayer ; ce qui est d'autant moins extraordinaire qu'il y a quantité de Francaleus & de Fonds exempts du droit de Retrait en cette Province, où le Francaleu est présumé, si on ne justifie le contraire, ou si les Seigneurs ne sont fondés sur la generalité.

ARTICLE II.

IL *est néanmoins permis à celuy qui vend son Héritage de convenir d'un délay, pendant lequel il aura la faculté de le reprendre ou racheter, sans être tenu de payer de nouveaux lods.*

Notes sur l'Article II.

CET Article est bien different du droit de Retrait énoncé dans le precedent : car il est permis par le Droit Ecrit de stipuler qu'au défaut de payement du prix ou d'accomplissement des conditions de la vente, le Vendeur rentrera dans la chose venduë, *Text. in L. 2. C. de pact. int. Empt. & Vendit. l. stipulationum §. §. conventionales, ff. de verb. obligat. & toto Tit. ff. de Lege commissoria.* Les lods n'en sont pas dûs, parce que le Vendeur ne rentre dans son Fond qu'en consequence d'une faculté reservée par le Contrat de Vente, qui ne devient irrevocable qu'aprés l'écoulement du tems stipulé pour rentrer dans la chose venduë, ou aprés l'accomplissement des conditions imposées au Vendeur en termes resolutoires, sans lesquels le Vendeur ne peut reprendre son Fond sans payer les lods, parce que le défaut de paye-

ment ou d'accomplissement d'une condition non
resolutoire, ne donne que l'action, *ad implementum
vel ad solutionem pratii per L. eâ conditione, C. de refcind.
vendit.* mais les lods ne sont pas dûs par celuy qui
rentre dans son Fond, *virtute pacti retrovendendi*,
comme l'enseigne Tiraq. du Retrait, Convent. *l. 6.
l. 2. n. 3. 4. 5. & seq.* bien qu'ils soient dûs par
l'Acheteur sous faculté de remeré: ils seroient encore dûs par le Vendeur, si la faculté luy étoit pro-
rogée ou accordée *ex intervallo*, parce qu'on sortiroit
des termes du Contrat, ce qui n'est pas permis au
préjudice du Seigneur, qui a un droit acquis par la
premiere convention ; c'est le sentiment de Ferriere
sur *l'art.* 23. de la Coûtume de Paris.

ARTICLE III.

O**N ne peut user du droit de Retrait lignager,
qu'à l'égard de l'Héritage provenant du tronc
commun entre le Vendeur & le Retrayant.**

Notes sur l'Article. III.

I**L y a** des Memoires dans les Archives de la Cité
& chés des anciens Avocats, qui soûtiennent cet
Article, qui est d'ailleurs conforme à l'origine du
droit de Retrait lignager, lequel n'a été etabli qu'en
faveur des Parens de même sang, *consanguinei quasi
ex eodem sanguine nati, vel qui sese sanguine contingunt*,
comme parle Tiraq. de Retrait, Consang. *s. 1. gl. 9.
n. 4.* où il enseigne que le mot de *Ligne* signifie
collationem personarum ab eodem stipite descendentium ; & au
s. 11. gl. 1. n. 12. Il dit que plusieurs Coûtumes du

Royaume n'admettent au Retrait que les Parens, *unde res vendita proceſſit,* Joann. Faber , *ſ. ſi plures inſtit. de legit. Agnat. ſucceſſ.* eſt de même ſentiment , & nôtre Uſage ſemble en partie conforme à la Coûtume de Paris , *art.* 129. *tit.* du Retrait lignager , *ſ.* 1. & aux additions faites en 1709. ſur cet Article.

Nôtre Uſage eſt néanmoins contraire à celuy de Franche-Comté , qui admet indiſtinctement au Retrait toute ſorte de Parens , ſoit que le Fond vendu vienne de leur eſtoc & ligne , ou non , ce qui paroît bien moins juſte que nôtre Uſage , puiſque l'extention du droit de Retrait , ne fait qu'augmenter le trouble qu'il cauſe dans le Commerce au préjudice des Vendeurs , qui trouveroient plus d'Acheteurs , ſi ceux-cy ne craignoient d'être évincés de la choſe venduë par les Parens des Vendeurs.

ARTICLE IV.

CELUY *qui veut retirer le Fond vendu par ſon Parent , doit le faire dans l'an & jour , à compter depuis la poſſeſſion reelle priſe par l'Acquereur.*

Notes ſur l'Article IV.

ON a tiré cet Article de la page 167. d'un Livre intitulé , *La pratique Judiciaire de Beſançon* , qui eſt dans les Archives de la Cité ; & comme nôtre Article eſt conforme à l'Uſage de tous les Païs Coûtumiers , il ſeroit ſuperflu de l'expliquer plus au long.

ARTICLE V.

LE *Parent qui use du droit de Retrait est preferé aux plus proches, qui n'agissent pas dans cinquante jours, à compter depuis le premier Acte de Retrait signifié à l'Acheteur.*

Notes sur l'Article V.

ON a encore tiré cet Article du Livre de Mr. d'Ancier, dont on a déja parlé, *feüillet 68.* les Coûtumes sont differentes en ce point, mais l'Usage y sert de Loy : la recompense dûë au Parent plus diligent à retirer, paroît le fondement de nôtre Usage ; on suppose encore que l'Acte de Retrait ait été fait depuis la possession réelle : car auparavant les Parens peuvent ignorer la Vente.

ARTICLE VI.

SI *plusieurs Fonds sont vendus par un seul Contrat & pour un même prix, le Retrayant est tenu de les retirer tous, encore qu'il y en ait quelques-uns non sujets au Retrait, si mieux n'aime l'Acquereur faire seulement retrocession des Héritages sujets au Retrait, auquel cas l'estimation sera faite par rapport à la totalité du prix stipulé par le Contrat.*

Notes sur l'Article VI.

IL n'y a rien que d'équitable dans cet Article : car ce seroit une injustice de réduire un Acquereur de

bonnefoy à fe contenter d'une partie de fon acqui-
fition, qu'il n'eût pas faite, s'il en auroit prevû le dé-
membrement, qui ne manqueroit d'en diminuer
la valeur, & d'en rendre la joüiffance plus incom-
mode & moins profitable : Il faut donc que le Parent retire le tout, ou rien, fi l'Acquereur le fouhaite,
c'eft l'opinion de Brodeau fur Loüet, *let. R. n.* 25.
Tiraq. du Retrait lignager, *f.* 1. *gl.* 7. *n.* 86. & *f.* 23.
gl. 1. *per tot.* Ferron. fur la Coûtume de Bourdeaux,
f. 3. l'Art. 9. du Titre des Retraits de la Coûtume
du Comté de Bourgogne decide le contraire, mais
Boguet qui l'a commenté, avoüe au *n.* 1. fur *l'art.*
9. que cette Coûtume eft en ce point contraire au
Droit commun, que nous devons plûtôt fuivre, que
la Coûtume de Franche - Comté. Il paroît que la
fin de nôtre Article ne regarde qu'une Vente faite
pour un feul prix, de forte qu'il faudroit en ufer
autrement, fi le prix des Fonds étoit diftingué par
le Contrat, auquel cas on ne pourroit prétendre
d'autre eftimation.

ARTICLE VII.

R ETRAIT *n'a point de lieu à l'égard des Fonds
vendus par decret.*

Notes fur l'Article VII.

N OSTRE Article eft tiré du Livre de Mr.
d'Ancier, *feüillet* 68. il eft conforme à la Coûtume
du Comté de Bourgogne, *f.* 12. du Titre des
Réachats; il eft également du bien public, & de
l'intérêt, tant des Debiteurs faifis, que de leurs
Créanciers, d'empêcher que le droit de Retrait ait

lieu dans les Ventes faites par decret, *fides publica neminem fallere debet.*

ARTICLE VIII.

LE Parent qui veut user du Retrait, doit inter-peller l'Acquereur de luy retroceder l'Héritage ven-du, & à cet effet luy faire offre réelle du prix de l'achat, de tous frais & loyaux cousts; & en cas de refus par l'Acquereur de faire la retrocession demandée, le Re-trayant le fera assigner par-devant les Juges qui doi-vent en connoître, pour voir dire que le Retrait aura lieu; Mais le Retrayant sera tenu de consigner ses Deniers pendant les délais de l'Assignation, ou de re-nouveller seulement par l'Exploit d'assignation les offres réelles, sans néanmoins pouvoir faire servir de réalité l'offre de rentrer dans la constitution de Rente faite pour payement du tout, ou d'une partie de l'Achat.

Notes sur l'Article VIII.

LA plus grande partie de cet Article a été tirée de la pratique Judiciaire de Besançon, *page* 166. *&* 167. qui veut que l'offre se fasse en presence de deux témoins, ce qui doit encore être suivi; on y a ajoûté l'offre réelle du prix de la consti-tution de Rente, servant de payement de l'Achat, comme il se fait assés souvent : car le Vendeur qui connoît la solvabilité d'un Acquereur, & la facilité de le convenir, se contente quelquefois pour tout payement d'une constitution de Rente, que l'Ac-quereur luy fait; mais le Vendeur se trouveroit trompé par le Retrait, si on luy subrogeoit un

mauvais

mauvais Debiteur à un bon ; c'est la raison pour
laquelle on oblige par cet Article le Retrayant à
l'offre réelle, & au remboursement du prix entier,
& qu'on n'estime pas suffisante l'offre de rentrer
dans la même constitution en place de l'Acquereur ;
c'est aussi l'avis de Chopin sur la Coûtume de Paris,
Titre des Retraits, *n.* 5. le Prêtre *Centur.* 2. *c.* 19.
Brodeau sur la Coûtume de Paris, *art.* 136. *n.* 18.
Ferriere sur la même Coûtume, *art.* 136. *gl.* 2. *n.* 19.
& sur *l'art.* 137. *n.* 1. *&* 2. Et par la même raison
le Retrayant seroit tenu de faire une offre réelle,
lors même que l'Acquereur auroit un terme pour
faire le payement, parce que le Vendeur n'auroit
peut-être pas voulu contracter avec le Retrayant,
ny luy donner un délay pour payer le prix de
l'Achat, sans du moins une Caution.

ARTICLE IX.

LE *surplus de la matiere des Retraits se régle*
à Besançon par la Coûtume du Comté de Bour-
gogne.

Notes sur l'Article IX.

CET Article a pour fondement la Maxime qui
veut que les Matieres douteuses se decident par
les Régles qui s'observent chés les Voisins ; sur-
tout en fait de Coûtumes, dont les decisions ne
se trouvent pas dans le Droit Romain, *per L.* 34.
ff. de reg. jur.

G

TITRE V.

Des Cens & Rentes.

ARTICLE I.

IL n'est pas permis à Besançon, ny dans le
ancien Territoire & Banlieüe d'icelle,
stipuler aucun Cens, portant droit de
de Retour & de Caducité; mais on peut convenir
droit de Lods & d'une Amende de trois sols tour-
nans, tant au défaut de payement du Cens & Rente
Seigneurial, que pour raison des Lods receus.

Notes sur cet Article.

ON a pris cet Article dans les Livres Journaux de la Cité, & principalement dans le Livre de
Mr. d'Ancier, *feüillet* 66. ce qui semble néanmoins
contraire à la Loy *fin. C. de jur. Emphit.* qui paroît
l'origine & le fondement des Lods, & qui autorise le droit de Retenuë, dont on a déja parlé dans
l'Article I. du Titre 4.

Le Retour & la Caducité dont nôtre Article fait
mention, ne doivent s'entendre que du droit de
succeder aux Censitaires en certains cas, parce que
ces sortes de Conventions qui approchent de la
Main-morte, ont paru odieuses dans une Ville qui
a toûjours tâché de conserver son ancienne liberté

Mais la Commise dans laquelle l'Emphitéote peut tomber par défaut de payement du Cens Emphiteutique dans le terme stipulé par le Contrat, n'est pas comprise dans nôtre Article.

L'Amende qui y est statuée, n'a rien qui sente l'Usure, c'est une peine modique contre ceux qui ne payent pas exactement les Cens & les Lods: que si l'Acquereur se trouvoit de bonne foy, il ne pourroit être condamné en l'Amende des Lods recelés, parce qu'en ce cas il ne pourroit passer pour Receleur de Lods; l'Article 77. de la nouvelle Coûtume de Paris prononce une peine contre les Receleurs frauduleux, & l'Article 85. contre ceux qui ne payent pas le Cens dans le terme convenu, & c'est l'Usage de Besançon.

ARTICLE II.

LES Lods sont dûs sur le pied du douziéme du prix, s'il n'y a convention ou possession contraires.

Notes sur l'Article II.

NOSTRE Usage est conforme à celuy du Comté de Bourgogne, & il est prouvé, tant par la notorieté, que par le Livre de Mr. d'Ancier, *feüil.* 67.

ARTICLE III.

LES Lods ne sont pas exigibles avant l'an & jour, à compter depuis la date du Contrat de Vente ou d'une alienation équipolante à la Vente.

Notes sur l'Article III.

TEL est l'ancien Usage de la Cité, justifié par le Livre de Mr. d'Ancier, *feüil.* 67. il n'en est pas de même au Comté de Bourgogne, dont la Coûtume ordonne aux Acquereurs de presenter les Lods & Vente aux Seigneurs directs, quarante jours après le Contrat.

ARTICLE IV.

LES Lods sont dûs pour les Contrats d'échange, s'il y a suite d'Argent, & à proportion seulement de la somme payée, pour suite ou plus-value.

Notes sur l'Article IV.

LE Livre de Mr. d'Ancier, *feüil.* 67. établit cet Usage, qui est suivi sans contredit, non seulement à Besançon, mais même au Comté de Bourgogne, selon le §. 4. du Titre des Cens. On ne regarde pas, comme dans quelques autres Coûtumes, si la suite ou soulte excede, ou non, la moitié : la chose changée en ce qui regarde le payement des Lods, parce qu'ils sont dûs de la suite, quelque petite qu'elle soit : Mais on distingue par rapport au Retrait lignager qui a lieu seulement, lorsque la soulte excede la valeur du Fond donné en échange, cette distinction vient de Dumoulin sur l'Article 22. de la Coûtume d'Angoumois ; elle est encore conforme aux Usages de Besançon & du Comté de Bourgogne ; le droit de Retrait Seigneurial n'a lieu en cette

Province, que lorsque la suite ou soulte prevaut ;
mais on ne l'admet pas à Besançon , où il n'y a
point de droit de Retenuë.

ARTICLE V.

LES *Lods sont encore dûs à Besançon en entier
des Contrats d'échange, s'il y a fraude, laquelle
se présume de l'alienation faite par l'un des Permutans,
de la chose échangée un an aprés le prétendu Contrat
d'échange, & outre les Lods celuy qui a commis la
fraude, est condamné en l'Amende de vingt sols, si toutefois il n'y a d'autres présomptions contraires & plus
fortes, qui fassent juger qu'il n'y a point de fraude, &
en ce cas il n'y a lieu aux Lods, ny à l'Amende.*

Notes sur l'Article V.

UNE partie de cet Article a été tirée du Livre
de Mr. d'Ancier, *feüil.* 67. où il dit que la fraude
se présume par l'alienation du contre-échange ,
deux ou trois ans aprés le Contrat ; Mais on a crû
devoir borner ce terme à un an, afin de se fixer à
un tems certain , & pour s'éloigner moins des Coûtumes qui limitent cette présomption de fraude à
l'alienation faite un an aprés le Contrat d'échange.

Il est constant qu'on ne fait point de scrupule
d'inventer, conseiller & mettre en usage plusieurs
mauvais expediens pour frustrer les Seigneurs de
leurs Droits ; on ne sçauroit donc prendre trop de
précaution , pour arrêter & punir les fraudes, que
les Contractans commettent en revêtant la Vente

des fauſſes apparences d'un échange, ou de quel-
qu'autre Contrat deguiſé du nom de p[...], de
licitation, ou de tranſaction, où l'on n[...]
que trop ſouvént des fraudes.

Mais comme il pourroit arriver que l'éch[...]
ſeroit ſincere, quoyque ſuivi d'une aliena[...]
dant le délay cy-deſſus ; on a crû devo[...]
une limitation à nôtre Article, s'il ſe tro[...]
préſomptions aſſés fortes pour ſurmonter[...]
la fraude, parce qu'en ce cas on ne pou[...]
damner l'Innocent comme le Coupable[...]
mitation eſt conforme à la Doctrine de D[...]
ſur l'Article 33. de la Coûtume de Pa[...]
68. & 69. à l'Article 66. de la Coûtu[...]
tagne, au Journal des Audiences, tom.[...]
chap. 15.

ARTICLE VI.

ON ne peut ſtipuler par Contrat de Bail à C[...]
ny autre, de planter dans l'ancien Ter[...]
dans la Banlieuë de Beſançon du Plan, [...]
munement du Gamé ou Gamet, & il n'eſt[...]
aux Citoyens & Reſidens dans leſdites Vill[...]
Territoire & Banlieuë d'y en planter, à peine[...]
arraché, & d'amende arbitraire.

Notes ſur l'Article VI.

LES Livres-journaux de la Cité contiennent l[...]
défenſe de ce Plan, qui ne paſſe pas pour ſain[...]
c'eſt pour cela que les Magiſtrats de Beſançon [...]
loux de maintenir la reputation de leur Vignoble,

n'ont jamais voulu souffrir cette espece de Raisin
dans leurs Territoire & Banlieuë, & que l'Entrée
en est défenduë dans cette Ville au tems des Ven-
danges. Par Edit du premier Octobre 1660. il a
été défendu d'en planter sur le Territoire. Par
autre Edit du 7. Mars 1662. on a défendu de faire
des Vignes nouvelles ; Et par autre Edit du 21.
Août 1702. on a fait défense de changer la surface
des Fonds.

ARTICLE VII.

*LES Rentes constituées sont une troisiéme espece
de Biens qu'on peut saisir & ceder, sans avoir
suite par hypotéque : On peut les faire vendre comme
des Meubles, ou les faire saisir réellement comme Immeubles.*

Notes sur l'Article VII.

CET Usage ne souffre point de difficulté à Besançon ; il est vray que les Cens fonciers, & non
rachetables sont réputés immeubles , selon Dumoulin sur les Articles 83. & 84. de la Coûtume
de Paris , *gl.* 1. *n.* 33. Roder. *de ann. redit. lib.* 1. *q.*
3. *n.* 8. Mais les Rentes dont nous entendons parler, sont les constituées ou rachetables, que la Coûtume du Comté de Bourgogne met dans le rang
des Immeubles, à l'exception du cas de la succession des Pere & Mere à leurs Enfans, où elles sont
estimées Meubles en faveur des Ascendans. ce qui
n'a pas lieu à Besançon, où les Rentes constituées

sont regardées comme une troisiéme espece de
Biens alienables, à la volonté de ceux à qui elles
sont dûës, sans être sujettes à suite par hypotheque.
Roder. au lieu cité cy-dessus, Tiraq. du Retrait
lignager, *s.* 1. *gl* 6. *n.* 3. & plusieurs autres Auteurs sont d'avis que les Rentes constituées ne sont
ny Meubles ny Immeubles, & c'est l'Usage de
Besançon, à l'exemple des Droits & Actions, qui
font une troisiéme espece de Biens, suivant la *Loy.*
Quam. Taberonis , *s. in peculio, ff. de peculio. l. 1.*
Divo Pio 15. *s. in venditione, ff. de re judicata.* Et
sur l'Article II. Note 4. du Titre 5. de la Coutume
du Duché de Bourgogne, rapporte divers Arrêts
qui ont jugé, que les Rentes constituées sont cessi-
bles & alienables comme les Meubles, sans que
les Créanciers du Cedant puissent y prétendre aucun droit.

TITRE VI.

Des Prescriptions.

ARTICLE I.

ENS, *portant Lods & Seigneurie, ne peut se prescrire par le Preneur originaire, ny par celuy qui a reconnu le Cens, ou qui a acheté le Fond chargé de Cens, ny par leurs Héritiers, sinon du jour de la denégation, ou interversion.*

Notes sur cet Article.

CET Usage est conforme à ce qui s'observe dans tous les Parlemens du Royaume, fondé sur la Maxime generale, que *jura Dominicalia non præscribuntur.* La Loy *Comperit,* & la Loy *Male agitur, C. de præscript.* 30. *vel* 40. *ann.* le décident de la sorte ; parce que le Censitaire qui ne possede que le Domaine utile, n'est pas capable de prescrire le Domaine direct qu'il ne possede pas ; il ne peut y avoir de prescription sans possession. La Loy *Cum notissimi, §. sed cum illud, & §. fin. C. eod. tit.* resiste à la prescription pendant la vie du Debiteur originaire. L'Héritier ou un autre Successeur general, qui represente le Debiteur, sont encore incapables de prescrire, parce qu'ils sont presumés saisis des Papiers de leurs Auteurs, par lesquels ils peuvent avoir connoissance

H

du Cens. L'Acheteur auquel on l'a dénoncé par son Contrat, celuy qui est entré en payement du Cens, sont dans l'impuissance de prescrire, parce qu'ils ne peuvent être en bonne foy, ny même posseder le Domaine direct ; c'est le sentiment de Loüet & de Brodeau, *let. C. n. 21.* d'Ant. Faber, *defin. 19. C. de præscript. 30. vel 40. ann.* de Ferriere sur la Coûtume de Paris, *art. 124. gl. 1. n. 11.* & suivans, qui estiment tous qu'il n'y a que le tiers-Détenteur de bonne foy, qui puisse prescrire l'Emphiteose & l'exemption du Cens, *Arg. l. 4. §. Authoris, ff. de doli mali, & met. except. ubi Authoris dolus non nocet Emptori.* Mais il ne faut pas favoriser toute sorte de tiers-Détenteurs, crainte d'introduire la Prescription qu'on a voulu empêcher, & il semble que la decision de Mr. le Favre qu'on vient de rapporter, ne doive s'entendre que d'un Acquereur, auquel on n'a point denoncé, ny fait payer le Cens ny les Lods ; parce que ces circonstances sont équivalantes à l'Acte negatif, ou d'interversion, qui donne sans doute naissance à la Prescription de 30. ans, contre les Seigneurs Laïcs, & de 40. ans contre les Ecclesiastiques.

On doit encore faire attention à la modicité du Cens : car il y en a beaucoup qui ne sont dûs qu'en Deniers, Oboles & Engrognes, dont les Seigneurs directs n'ont pas Coûtume de demander le payement, se contentant d'en exiger quelquefois des reconnoissances, & de se faire payer des Lods, quand le cas se presente : de sorte que pour constituer le Seigneur direct en négligence, & commencer contre luy un Acte negatif, il semble qu'il faudroit faire voir qu'il eut négligé la demande des Lods dans un cas où ils étoient dûs ; & en consequence il seroit difficile au Legataire & au Donataire qui ne sont pas tenus de payer les Lods , & qui peuvent aisément avoir connoissance du Cens par les Papiers & Contrats des Fonds censables à eux legués ou donnés , que les Héritiers doivent leur remettre , de se retrancher sur la Prescription , particulierement à l'égard des menus Cens , portans Lods & Seigneurie directe , & lorsque les Legataires & Donataires ne sont pas étrangers. Voyés la Loy *Apud Celsum* 4. *S. si quis autem* 29. *ff. de doli mali, & met. except.* Grivel en ses decisions du Parlement de Dole traite cette matiere dans la décision 141. n. 16. & 17. & l'on a toûjours estimé à Besançon que les Cens portans Lods & Seigneurie, sont imprescriptibles, sans Acte negatif ou d'interversion.

ARTICLE II.

*L*ES *arrerages des Cens portans Seigneurie, ou non, les arrerages de toutes redevances établies, ou assignées sur des Fonds situés dans les Ville, ancien Territoire & Banlieuë de Besançon, comme aussi les arrerages des Rentes constituées ne peuvent se prescrire que par le laps de 30. ans.*

Notes sur l'Article II.

*C*ET Article est contraire aux anciennes Ordonnances du Comté de Bourgogne , par lesquelles il est défendu d'exiger plus de cinq ans d'arrerages des Cens , Rentes & Redevances , ce qu'on appelle

communement la prescription quinquennale, laquelle néanmoins s'interrompt aisément, soit par
interpellation, ou par autre Acte équivalant ; mais
cette Prescription quinquennale n'a jamais été re-
çûë à Besançon, parce qu'on n'a pas suivi en cette
Ville les anciennes Ordonnances, ny les Coûtumes
du Comté de Bourgogne, à raison que Besançon
avant le Concordat de 1664. étoit une Ville Imperiale, qui composoit un Etat séparé de la Province ; elle a été maintenuë dans tous ses Droits
& Privileges, tant par le Traité cy-dessus, que par
ses Capitulations. Les Seigneurs Censiers de même que les Créanciers ont toûjours été pourvûs
dans les Decrets pour 29. termes échûs de leurs
Cens & Rentes ; ce qui est d'autant plus juste qu'en
suivant le Droit Ecrit, il faudroit 40. ans pour prescrire les arrerages, aussi-bien que le principal des
Rentes constituées, parce que le Seigneur Censier
& le Créancier ont sans difficulté l'action hypotecaire, qui ne se prescrit que par 40. ans, *L. cum.
tissimi*, *ſ. 1. C. de praescript. 30. vel 40. ann.*

ARTICLE III.

LA *Prescription de dix & de vingt ans établie
par le Droit Ecrit est réduite à trente ans, à
l'égard de l'action personnelle, & à quarante ans pour
l'action hypotecaire.*

Notes sur l'Article III

L'USAGE de Besançon est en ce point indubi-
table, il paroît tiré de la Loy *Omnes*, & de la Loy

Cum notissimi, *C. de præscript.* 30. *vel* 40. *ann.* La Coûtume du Comté de Bourgogne est à peu prés semblable au *s.* 1. du Titre des Prescriptions, & nous n'avons jamais suivi la Prescription de dix ans entre presens, & de vingt ans entre absens.

ARTICLE IV.

LE tiers-Possesseur prescrit contre le Créancier hypotecaire par le laps de trente ans ; mais il ne peut s'aider de la Prescription pendant que le Debiteur paye.

Notes sur l'Article IV.

CET Article est tiré de la Loy *Cum notissimi*, *s. sed cum illud*, *C. de præscript.* 30. *vel* 40. *ann.* on le juge ainsi au Parlement de Besançon, l'Article 115. de la Coûtume de Paris est contraire ; mais nous suivons à Besançon la decision des Loix cy-dessus, qui paroissent fort justes.

ARTICLE V.

LES Instances civiles sont perimées par trente ans.

Notes sur l'Article V.

NOSTRE Usage est conforme à celuy du Comté de Bourgogne, il y en a un Arrêt dans Mr. Grivel, *decis.* 72. mais cet Usage est contraire à la Loy *Properandum*, *C. de jud.* qui régle par trois ans la peremption

d'Instance ; Il est encore contraire à l'Article 1563.
de l'Ordonnance de Roussillon , qui est observée
dans la plûpart des Parlemens de France, comme le
remarquent Loüet & Brodeau *let.* *P. n.* 14. l'action
ne perit pourtant pas avec l'Instance, si elle est d'une
qualité à ne pouvoir se prescrire par 30. ans , parce
que l'Instance qui devroit servir à perpetuer l'action,
ne doit pas luy ôter ou retrancher sa durée naturelle.

ARTICLE VI.

*L*ES *Salaires des Procureurs se prescrivent par*
cinq ans , s'il n'y a interpellation ou autre devoir
valable , ou continuation de services.

Notes *sur l'Article* VI.

*I*L y a une semblable disposition dans les anciennes Ordonnances du Comté de Bourgogne Article
625. ce qui paroît fort juste : car aprés cinq ans sans
aucune demande , ny requisition, l'on présume le
payement des Salaires.   Cette présomption cesse
néanmoins, s'il se trouve des devoirs faits contre le
Debiteur , ou quand le Procureur a continué de servir sa Partie , parce que souvent on ne le paye qu'à
la fin des Procés , & il y auroit de l'injustice de punir son honnêteté & sa patience.

ARTICLE VII.

*L*ES *Salaires des Serviteurs & autres de cette*
nature ne se prescrivent que par cinq ans , s'il
n'y a interpellation ou autre devoir suffisant , ou pro-
messe par écrit , ou obligation par-devant Notaire.

Notes sur l'Article VII.

CET Usage est justifié par des Memoires qui font dans les Archives de la Cité, & il y en a divers Arrêts rendus au Parlement de Besançon depuis la Conquête de cette Ville.

La promesse par écrit, ou l'obligation par-devant Notaire font assés fortes, non seulement pour interrompre la Prescription de cinq ans, mais encore pour n'assujettir dés-lors le Créancier qu'à la Prescription de 30. ans dans le cas de l'Écrit privé, & de 40. ans contre l'Obligation passée par-devant Notaire, parce que ces deux précautions font cesser toute présomption de payement, & fourniffent des actions nouvelles à céluy auquel les Salaires font dûs.

ARTICLE VIII.

LES Parties d'Apoticaire qui ne se prescrivoient autrefois que par cinq ans, & les Parties de Marchandise qui n'étoient sujettes qu'à la Prescription de trente ans, se prescrivent à present par un an, depuis l'Ordonnance de 1673. pour le Commerce, publiée au Comté de Bourgogne en 1700.

Notes sur l'Article VIII.

CET Article montre ce qui s'observoit à Besançon avant l'Ordonnance du Commerce, & ce qu'on doit suivre presentement; mais cette Ordonnance, comme toutes les Loix nouvelles, ne doit avoir sa force qu'à l'égard des Marchandises livrées depuis la publication de l'Ordonnance ; il en est de même des Parties d'Apoticaire.

ARTICLE IX.

LA Prescription des Meubles a lieu par le laps de trois ans.

Notes sur l'Article IX.

CET Article est conforme au Droit Ecrit en la Loy *Unique*, *C. de Usucap. transform.* Il n'y auroit rien de sûr dans le Commerce, si on donnoit plus d'étenduë à la Prescription des Meubles, *quorum abjecta est possessio, ut tot. tit. instit. de Usucap.* C'est une des raisons pour lesquelles les Meubles alienés n'ont point de suite par hypoteque à Besançon, ny dans le Comté de Bourgogne ; & qu'en cette Ville les Rentes mêmes n'ont point de suite, comme il a été dit par l'Article VII. du Titre 5. & ainsi qu'il sera dit cy-aprés.

ARTICLE X.

TOUTES les autres Prescriptions se réglent par la disposition du Droit Ecrit, suivi à Besançon, ou par les Ordonnances Royales publiées en cette Ville depuis l'an 1674. tems de la derniere Conquête de cette Province, & dans les cas y portés, ou par d'autres Usages universellement reçûs.

Notes sur l'Article. X.

IL y a plusieurs autres Prescriptions, non comprises dans les Articles precedens, qui meneroient trop loin si on vouloit les décrire ; par exemple les Actions Prêtoriennes, Reddibitoires, Aquiliennes, d'Injures, de défaut de Numeration, de nouvel Oeuvre, & autres repanduës dans le Droit Ecrit, dont les Decisions sont suivies à Besançon, à l'exception des cas qui peuvent être renfermés dans les Edits & Déclarations du Roy, depuis la Conquête qu'il fit de cette Ville en 1674. & de ce qui a été dit cy-dessus.

Il y a encore une action considerable qui s'éteint par le laps de cinq ans, c'est l'action d'inofficiosité, laquelle doit s'intenter dans cinq ans, suivant la Loy *Si quis Filium* 34. *in fin. C. de inoff. testam.* Le Parlement de Besançon par Arrêt du 26. Janvier 1683. entre Mr. de Fallerans, Demandeur en Supplement de legitime, contre Madame d'Abans & Mr. de Villars St. George, Défendeurs, tous de Besançon, jugea l'action de Supplement prescrite par cinq ans ; Mais dés-lors il a jugé le contraire en faveur de Madame de Malans, ayant estimé que la querelle d'inofficiosité est une action differente de celle du Supplement de legitime.

L'action d'inofficiosité ne passe pas aux Héritiers, si elle n'a été intentée par celuy à qui elle appartient, *text. in d. l. si quis Filium.* On perd encore cette action par l'acceptation pure & simple du Testament, *L. parentibus, §. qui autem, C. de inoff.*

I

Testam. sauf néanmoins la restitution en entier en cas de minorité, ou de lesion considerable.

L'action de Supplement se perd pareillement par l'acceptation du Testament, ou par le silence de trente ans, comme il a été dit cy-dessus, suivant l'opinion de Guy Pape, *q.* 82. Faber *defin.* 7. *C. de inoff. Testam.* Cambolas, *lib.* 2. *chap.* 32. ce sont les autorités qui determinerent le Parlement de Besançon en faveur de Madame de Malans en 1709.

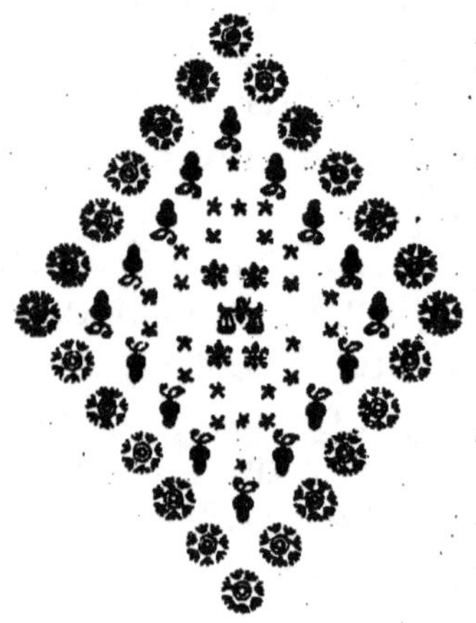

TITRE VII.

Des Saisies mobiliaires & Arrêts.

ARTICLE I.

LES *Citoyens & Residens à Besançon ne peuvent barrer & arrêter eux-mêmes les Effets trouvés dans la Ville appartenir à leurs Debiteurs étrangers, mais doivent le faire par le ministere de Sergens suivant l'Ordonnance de 1667. publiée & enregistrée au Parlement de Besançon.*

Notes sur cet Article.

LES Citoyens & Residens à Besançon avoient anciennement le Droit & Privilege de barrer & arrêter eux-mêmes, sans le ministere des Huissiers ou Sergens, tant dans la Cité, que dans son ancien Territoire, les Effets de leurs Debiteurs ; laquelle barre ou saisie duroit vingt-quatre heures ; mais cet Usage qui est justifié par plusieurs Memoires des anciens Avocats, & par les Journaux de la Cité, a été aboli par l'Ordonnance de 1667. Le Privilege n'est pas sans exemple ; car il y en a un à peu prés semblable à Paris, rapporté dans l'Article 173. de la nouvelle Coûtume, qui étoit auparavant le 192. du Titre des Arrêts, Exécutoires & Gageries. La Loy *Ait Prætor*, *s. si Debitorem*, *ff. quæ in*

I 2

fraud. cred. autorise ces sortes d'Arrêts , *ibi, propter necessitatem & mora periculum licitum est privato capere Debitorem fugientem vel fugam adornantem , etiam die feriata in honorem Dei , gl. in L. fin. C. de Feriis.* Cet Arrêt se faisoit sans Huissier ny Sergent , parce qu'on craignoit d'échapper l'occasion en cherchant un Huissier ; mais comme l'Ordonnance de 1667. qui déroge à tous Usages contraires , veut qu'on se serve des Huissiers , ou de Sergens en toutes especes d'Arrêts & de Saisies ; il n'est plus permis de s'en dispenser , ny de suivre l'ancien Usage de Besançon. Par Edit du 29. Octobre 1651. il a été déclaré que pendant le tems des Foires , on ne pourroit faire aucune Barre ny Arrêt sur les Etrangers dans la Cité, Banlieuë & Territoire, ny sur leurs Personnes, ny sur leurs Biens , pour quelques dettes que ce fût.

ARTICLE II.

SI le Créancier qui a fait cette Barre ou Arrêt n'en fait pas la poursuite dans le delay de six semaines, ou qu'il s'y trouve mal fondé, il sera condamné en tous les dépens, dommages & interêts du Debiteur saisi.

Notes sur l'Article II.

CET Usage est une suite de l'Article precedent, le Créancier qui néglige la poursuite d'une Saisie, Barre ou Arrêt, n'en doit pas être quitte pour son silence, ny pour un désistement ; ce seroit donner lieu aux vexations, il doit donc être puni comme

le Créancier , qui est débouté de la Saisie , & l'un
& l'autre doivent indemniser le Saisi.

ARTICLE III.

*LES autres Barres & Arrêts qui se font sur des
Domiciliés dans les Ville , ancien & nouveau
Territoire, & Banlieuë de Besançon , doivent se faire
en vertu de Titres portans exécutions parées , ou de
permission du Maire , ou de son Lieutenant , ou d'autres Juges de la Cité , si ce n'est qu'il y ait peril en la
demeure , auquel cas le Créancier peut sans le secours
desdits Titres , sur Requête presentée à l'un desdits Juges , obtenir la permission de saisir ou arrêter les Meubles & Effets de son Debiteur.*

Notes sur l'Article III.

CET Article est justifié par les mêmes Memoires , dont il est parlé cy-devant ; c'est d'ailleurs
l'Usage de tous les Tribunaux , tant du Comté
de Bourgogne , qu'autres.

ARTICLE IV.

*CELUY qui prétend luy être dû quelque som-
me pour délit , ou quasi , peut en se constituant
Prisonnier faire saisir & arrêter son Debiteur dans
les Prisons avec luy , d'où le Saisissant ne peut sortir
sans donner caution pour les dommages & interêts du
Debiteur , ny celuy-cy être déchargé sans avoir donné
caution , pour ce qui est prétendu par le Saisissant.*

Notes sur l'Article IV.

ON décrit toûjours l'ancien Usage de Besançon, afin de ne rien obmettre de ce qui s'observoit avant la Conquête de cette Ville ; cet Usage
est justifié par les Memoires cy-dessus , & par les
Livres-Journaux de la Cité ; l'Ordonnance de 1667.
n'y déroge pas, au contraire l'Article V. du Titre
34. reserve expressément les Privileges des Villes
d'Arrêt. Cet Usage n'est pas injuste , puisqu'il tend
à la sûreté d'une créance legitime provenant de délit , ou quasi.

Cependant l'Ordonnance de 1667. semble plus
favorable aux Créanciers , parce qu'elle permet la
contrainte par corps. 1°· Pour dépens , lorsqu'ils
se montent à deux cens livres.

2°· Pour les dommages & interêts revenans à
pareille somme·

3°· En matiere de Reintegrande, Stellionat, Dépôt
necessaire, Consignation, Sequestre, Gardien, Dettes
entre Marchands , & contre les Tuteurs & Curateurs pour sommes liquidées par Jugement défi-
nitif, selon les Articles II. III. IV. du Titre 34. de
cette Ordonnance. L'Article V. reserve les Privileges des deniers Royaux , Foires, Ports, Etapes ,
Marchés & des Villes d'Arrêts ; ce qui semble conserver le Privilege contenu dans nôtre Article.

4°· L'Article VII. permet de stipuler la contrainte
par corps pour les Proprietaires des Heritages &
Terres de la Campagne à l'occasion de leurs Baux.

5°· L'Article IX. souffre qu'on saisisse les Septua-
genaires, non seulement pour Stellionat & Recelé,

mais encore pour dépens en matiere criminelle, &
lorſque les condamnations ſont par corps.

Dans toutes ces circonſtances il paroît que les
Créanciers ont bien plus de facilité à ſe pourvoir
ſuivant l'Ordonnance de 1667. qui ne les met pas
dans la fâcheuſe neceſſité de ſe conſtituer Priſon-
niers, ainſi qu'ils y étoient obligés par l'ancien Uſage
de la Cité.

ARTICLE V.

L E *Créancier peut encore faire appoſer le Scelé dans
la Maiſon du Debiteur decedé, enſuite de permiſſion du Juge qui s'accorde ſur ſimple Requête, lors
même que la Créance n'eſt établie que ſur Billet ſous
ſeing privé, pourvû néanmoins qu'il y ait peril en la
demeure.*

Notes ſur l'Article V.

N OSTRE Uſage n'eſt pas ſeulement celuy de
Beſançon, c'eſt encore l'Uſage du Comté de Bourgogne. Ragueau, *let. S.* rapporte l'origine du Scelé
à la Loy *fin.* du *C. Theodoſien de admin. & peric. Tut.*
& il ſemble que cette voye ſoit autoriſée par la Novelle 164. elle a été introduite pour empêcher la
ſouſtraction des Biens & Effets, tant du Debiteur,
que des Mineurs, Eccleſiaſtiques & autres qu'on
a coûtume de mettre à couvert par l'appoſition du
Scelé, & par un Inventaire des Meubles, Effets &
Papiers mis ſous les Sceaux.

Mais à l'égard du Debiteur decedé, il n'eſt pas
permis, ſur-tout en vertu d'un Billet ſous ſeing
privé, de faire ſceler tous ſes Effets, s'il n'y a ſoup-

çon legitime d'insolvabilité & de peril en la demeure, ce que le Créancier qui agit de cette maniere,
doit affirmer par sa Requête, tendante à l'apposition du Scelé, & à la vente des Effets.   Il est permis aux autres Créanciers d'y intervenir, & alors
ils doivent être entendus à la levée du Scelé, à la
vente des Effets, & à la distribution des Deniers en
provenus.

Si le Créancier vouloit faire apposer le Scelé par
vertu d'un Contrat de Vente, dont il n'y auroit
point de terme échû, on ne pourroit le luy permettre, parce qu'en ce cas il manqueroit d'action,
si ce n'est que le Debiteur n'eût point de Fond,
qu'il eût dissipé ses Meubles & Effets, & que le
Créancier fut dans un peril évident de perdre son
principal de Rente, parce qu'alors on ne feroit point
de tort au Debiteur de mettre en sûreté les Droits
du Créancier, qui peut sans doute dans un Decret
se pourvoir pour le payement d'un principal de
Rente, à raison de la discussion & du desordre du
Debiteur ; il y a même raison lorsque le Debiteur
est sans fond & sans conduite, ny bonne foy.

ARTICLE VI.

*LE Créancier qui a un Titre portant exécution pa-
rée, ou une permission du Juge, de saisir ou arrêter, peut encore par voye de Brandon faire saisir les
fruits pendans sur les fonds de son Debiteur.*

Notes sur l'Article VI.

CET Article est tiré de la Pratique judiciaire de
Besançon, *page* 146. la voye de Brandon n'est pas
inconnuë :

inconnuë : car on la pratique non seulement dans
le Comté de Bourgogne, mais encore à Paris, suivant l'Article 74. de la nouvelle Coûtume, qui
n'y admet pourtant que le Seigneur Censier ; au
lieu que cette espece de Saisie est permise à Besançon & au Comté de Bourgogne à tous Créanciers. Ragueau, *let. B.* cite plusieurs Coûtumes où
le Brandon se pratique, & il en rapporte les formalités qui sont semblables à celles qu'on observe à
Besançon ; l'on peut voir sur cette matiere les Titres 16. & 17. du second Livre du Code. Loiseau en
son Traité du Deguerpissement, *liv. 3. chap. 1. n. 22.*
& suivans.

ARTICLE VII.

LA Saisie ou Brandon des fruits de Vigne ne peut
se faire à Besançon, ny dans son ancien Territoire, qu'après le jour de St. Jean-Baptiste ; mais les
fruits des autres Fonds peuvent être saisis ou bran-
donnés avant ledit jour.

Notes sur l'Article VII.

ON a pris cet Article dans la même Pratique
judiciaire, *page 151.* & il semble que cet Usage soit
fondé sur l'incertitude des fruits de Vigne avant
le jour de Fête St. Jean-Baptiste, ce qui pourroit
tourner au préjudice des Debiteurs, ausquels on
feroit payer la crainte legitime des cas fortuits, en
achetant les Fruits pendans à vil prix. L'Usage est
different à l'égard des autres Fonds, parce qu'ils
sont moins sujets aux cas fortuits, que les Vignes.

Ferriere sur l'Article 178. de la Coûtume de Paris,
n. 30. aprés Coquille, q. 200. dit que les Coûtumes
où les Fruits ne sont pas reputés Meubles qu'aprés
un certain tems, ne doivent s'entendre, que par
rapport aux Héritiers & aux communs Biens ;
mais qu'on peut toûjours saisir les Fruits avant le
tems marqué par la Coûtume, pourvû que la Terre
en soit chargée.

ARTICLE VIII.

*D*ANS tous les cas cy-dessus de Barre ou Arrêt,
Saisie, Brandon & apposition de Scelé, le Créan-
cier premier Saisissant ou Arrêtant doit être pourvû
& payé par preference à tous autres Créanciers Op-
posans ou Intervenus, si ce n'est lorsqu'il s'agit du
payement d'un Bail à loyer, de Maison ou d'un Bail
à Ferme, ausquels cas le Proprietaire de la Maison
est preferé au premier Saisissant sur le prix des Meu-
bles étans en sa Maison, & le Proprietaire de la
Ferme sur les Fruits en provenus, pour ce qui leur est
dû à cause de leurs Baux, aprés néanmoins dans tous
les cas cy-dessus le prélevement des frais de Saisie,
Barre ou Arrêt, & apposition du Scelé ; sans préju-
dice toutefois d'autres créances privilegiées, comme sont
les frais Funeraires, de la derniere Maladie & autres
semblables.

Notes sur l'Article VIII.

L'USAGE énoncé dans cet Article est indubi-
table, il y en a plusieurs Memoires dans les Archi-

ves de la Cité ; le Parlement de Besançon l'a confirmé par quantité d'Arrêts, qui ont ajugé la preference au premier Saisissant sur cette Maxime,
Jura vigilantibus subveniunt, tirée de la Loy *Pupillus*
24. in fin. ff. qua in fraud. credit. inter eos quibus ex eadem
causâ debetur occupantis melior conditio est, text. in L. inter
eos 19. ff. de re jud. L'Article 178. de la Coûtume
de Paris donne la preference au premier Saisissant,
les nouveaux Commentateurs de l'Edition de 1709.
y apportent sept exceptions semblables en partie
à celles contenuës dans nôtre Article.

La premiere, pour les loyers de Maisons, &
pour les moissons des Terres.

La seconde, pour les dépens d'Hôtelage.

La troisiéme, pour le prix des Marchandises
venduës, sans jour ny termes.

La quatriéme, pour le prix des choses venduës
avec terme.

La cinquiéme, pour les cas de Déconfiture, où le
Privilege du premier Saisissant cesse.

La sixiéme, pour le Créancier saisi du Gage, qui
ne tombe pas même en contribution au cas de déconfiture.

La septiéme, pour la restitution du Dépôt.

Les mêmes Commentateurs ajoûtent d'autres
exceptions sur l'Article 177. de la Coûtume de
Paris.

Sçavoir, les frais de Justice, les frais Funeraires
& d'Obseques, qui doivent passer avant même les
Loyers de Maison ; le Proprietaire de la Maison
pour les Loyers ; le Créancier qui a vendu les Meubles ; les frais des Medecins, Barbiers, Apoticaires
& Drogues de la derniere Maladie ; les Salaires des

Serviteurs & Servantes, ensuite le premier Saisissant.

Tel est l'ordre que les Commentateurs de là Coûtume de Paris donnent aux Créanciers privilegiés : Nous suivons à Besançon le même ordre, qui paroît fort juste, si on excepte seulement l'ordre donné aux frais de la derniere Maladie, qui semblent aussi privilegiés que les Funeraires & d'Obseques, parce qu'en naissant nous contractons l'obligation de mourir, & que s'il est de l'interêt publique, que les corps ne demeurent pas sans sepulture, il semble qu'il y ait même interêt qu'ils ne demeurent pas sans secours. La Loy *Funeris sumptus* 37. *ff. de relig. & sumpt. Fun.* dit que les frais de la derniere maladie font partie des Funerailles ; *Impensa autem Funeris omne creditum solet precedere*, *L. impensa* 45. *eod. tit.* pourvû néanmoins que les frais n'excedent pas les facultés & condition du Défunt, *text. in L. & si quis* 14. *§. 6. eod. tit.* Rodrigues *de concursu & privil. credit. art.* 2. *p.* 2. *n.* 12.

La preference qu'on donne aux Serviteurs & Domestiques, ne s'accorde par nos Usages que pour les Gages de la derniere année, quoyque Ferriere sur l'Article 170. & sur l'Article 127. *gl.* 1. *n.* 17. de la Coûtume de Paris, refuse indistinctement ce privilege aux Domestiques.

Nous accordons encore la preference à ceux qui ont cultivé les Fonds pour les ouvrages de la derniere année, parce qu'il ne seroit pas juste de profiter de leurs frais & peines.

Nous n'avons pas accordé jusqu'à present la preference aux Marchands, soit qu'ils ayent vendu avec terme, ou non, soit que les Marchandises existent, ou qu'elles ne paroissent pas.

Tous les autres cas de preference exprimés cy-
deſſus, ſont conformes à nos Uſages & à l'équité;
le privilege des Proprietaires des Maiſons & Héritages eſt fondé ſur la Loy *Certi juris*, *C. de locat. &*
cond. & ſur la Loy *fin. C. in quib. cauſ. pign. vel hypot.*
tacitè contrah. le Gage & le Dépôt portent leurs Privileges. Il n'y en a point pour le premier Saiſiſſant
dans le cas de déconfiture, comme on le dira par
l'Article ſuivant.

ARTICLE IX.

EN cas de *Banqueroute ou de Faillite, le Privi-*
lege du premier Saiſiſßant n'a point de lieu, &
les deniers provenus des Effets ſaiſis, doivent être diſtri-
bués aux Créanciers oppoſans ou Intervenus, au ſol
la livre, ſans deroger à l'ordre des Créanciers hypo-
tecaires, qui ſont preferés aux Chyrografaires, ny à
l'ordre des Créanciers privilegiés.

Notes ſur l'Article IX.

CET Article eſt important, & il eſt neceſſaire
de former ſur ce point une Juriſprudence certaine.
Le Parlement de Beſançon a commencé de l'établir
par pluſieurs Arrêts, tant à l'occaſion de la Faillite
du Sr. de Bougey, fameux Banquier de cette Ville,
que de celle du Marchand Badoz de la même Ville.
Ces Arrêts qui ſont également notoires & juſtes,
ont pour fondement la Loy *Non enim* 6. *ff. de tribut.*
act. la Loy *Pro debito*, *C. de bon. auth. jud. poſſid. quid*
enim juſtius eſt, quàm omnes qui ad res debitoris mitti debeat

esse participes hujusmodi commoditatis, text. in L. fin. C. eod.
tit. L. quod autem 6. §. sciendum, ff. quæ in fraud. credit.
L. fin. §. sin vero, C. qui bon. ced. poss. Loüet & Brodeau,
let. M. n. 8. Ferriere sur la Coûtume de Paris,
art. 179.

Furetiere appelle la Déconfiture une Banqueroute, une Déroute, un abandonnement de Biens;
il dit qu'en ce cas les Créanciers viennent à contribution au sol la livre.　Brodeau sur la Coûtume de Paris, *art.* 179. *&* 180. *n.* 1. tire l'étimologie
du mot de *Déconfiture*, de l'égarement & de la dissi-
pation des Biens du Debiteur; il dit qu'en ce cas
on doit regarder les Créanciers comme embarqués
dans un même Vaisseau, & sujets au même nauffrage.

Ragueau, *l. D.* donne le même sens & le même
effet à la Déconfiture, qu'il appelle encore Romp-
ture.

Les Italiens appellent ceux qui sont Déconfits
& en Faillite, *Decoctores*, & ils tirent ce nom de la
Loy 12. *C. de suscept. lib.* 10. & de la Loy *Jure pro-*
visum, C. de Fabricens. lib. XI. d'autrefois ils les appellent, *Conturbatores*, & ce mot vient de la Loy
Cuicunque, §. idem labeo, ff. de instit. action. & de la Loy
Quidam fundum, ff. de in rem verso. Stracca *de Decoctor.*
part. 2. *definit.* le Déconfit en ces termes, *Decoctor*
est qui fortunæ vitio, vel suo, vel partim fortunæ, partim
suo vitio non solvendo factus est; ensuite il ajoûte, *illum*
non esse solvendo cujus bona postulantibus Creditoribus ven-
duntur.

L'Ordonnance de 1673. sur le Commerce, publiée au Comté de Bourgogne en 1700. Article I.
du Titre 4. dit que la Faillite ou Banqueroute sera

reputée ouverte du jour que le Debiteur se sera
retiré, ou que le Scelé aura été apposé sur ses Biens :
Ce qui est conforme à l'explication de Mr. Loyseau
en son Traité des Offices, *l.* 3. *chap.* 5. *n.* 34. où il
dit que le Privilege du premier Saisissant n'a plus
de lieu depuis que les Biens du Debiteur sont sous
les mains de la Justice ; toutes ces Doctrines prou-
vent que la Déconfiture pourroit s'entendre aussi-
bien du Debiteur oberré, que du Marchand en
Faillite, ils ne sont pas plus Maîtres l'un que l'autre
de leurs Biens depuis l'apposition du Scelé, non
pas même deux ou trois jours auparavant, selon
le sentiment de Stracca *de Decoct. p.* 3. *n.* 30. où il
estime qu'on peut faire revoquer tout ce qu'ils ont
fait en faveur de partie de leurs Créanciers peu de
jours avant la Deroute ouverte, *Argum. L. si Debitor.*
& Leg. seq. ff. quæ in fraud. credit. quoniam Prætor etiam
in tempore fraudem fieri intellexit, L. ait Prætor, s. si cum
in diem, ff. eod. tit. unde solutiones retractari possunt. Un
Debiteur n'est plus censé Maître de ses Effets depuis que ses Biens sont saisis ; il y a encore
moins de Privilege pour le premier Saisissant, quand
l'Héredité est jaceante, ou lorsque la generalité de
de ses Biens est discutée, parce qu'en ce cas les
Créanciers sont dans le même Vaisseau, & doivent
essuyer le même nauffrage, pour se servir des termes
de Brodeau cité cy-dessus.

Il y a plusieurs Coûtumes en France conformes
à nôtre Usage, entre-autres celle de Paris, *art.* 179.
celle de Nivernois, *chap.* 32. Titre des Exécutions,
art. 14. celle de Bourbonnois, *art.* 274. & toutes
ces Coûtumes sont suivies de l'Ordonnance de
1673. Article IV. du Titre 11. qui déclare nuls tous

Transports, Cessions, Ventes & Donations de Biens faits en fraude des Créanciers. L'Article VIII. déclare que Sa Majesté n'entend pas déroger aux Privileges sur les Meubles ny aux Hypotéques & Privileges sur les Immeubles. Nôtre Article est à peu prés conçû en mêmes termes. C'est le droit commun qui préfere les Créanciers hypotécaires aux personnels, *L. 2. 6. & 8. C. qui pot. in pign. hab.*

Les Créances privilegiées sont encore reservées par nôtre Article, on les a exprimé par les Notes sur l'Article precedent.

On suit à Besançon l'ordre des Créances, aussi-bien dans le rapport ou distribution des deniers provenus des Meubles, que dans la distribution du prix des Immeubles ; ce qui se pratique en Bretagne, en Normandie & autres Provinces, suivant Brodeau sur l'Article 178. *n.* 6. de la Coûtume de Paris.

ARTICLE X.

DANS les Saisies & Exécutions de Meubles le premier Saisissant n'est point preferé, si les Meubles saisis n'ont été deplacés, ou remis entre les mains d'un Gardien, chargé des Meubles saisis par Inventaire.

Notes sur l'Article X.

NOSTRE Article est entierement conforme à ce qui a été pratiqué à Besançon, le Parlement de cette Ville en a fait un Arrêté le 28. Novembre 1710. *Quia occupantis melior conditio est, L. 10. & 52. ff.*

de pecul. Brodeau fur Loüet, *let. M.* dit qu'il a été ainfi jugé, il eft de même avis fur l'Article 178. de la Coûtume de Paris, *n.* 5. Baquet des Droits de Juftice, *chap.* 21. *n.* 184. 185. & 186. fuit cette opinion; *Quia cum de pignore utraque pars contendit, prævalet jure, qui prævenit tempore, L. 2. C. qui pot. in pign. habeant.* Mais fur ces principes, la prévention ne peut être acquife que par le déplacement qui forme une efpece de défaififfement & de tradition, par lefquels le premier Saififfant eft devenu en quelque maniere Maître des Meubles : Ce Privilege eft en ufage dans le Duché de Bourgogne, comme l'attefte Mr. Taifand fur l'Article IV. du Titre 5. de la Coûtume de ce Païs, *Notes* 4. & 5. Lange en fa Pratique, Edition de 1697. *page* 586. Titre des Saifies, fait mention du même Ufage ; de même que Ferriere fur l'Article 160. *n.* 20. & fur l'Article 178. *n.* 32. de la Coûtume de Paris. Si on en ufoit autrement, on donneroit lieu à plufieurs faux Exploits de Saifie, à l'aide d'un Debiteur oberré, ou d'un Huiffier corrompu, pour ufurper la préference. Il eft donc jufte de la refufer aux Créanciers qui n'ont pas fait déplacer & inventorier les Meubles faifis, ou qui ne les ont pas remis à un Gardien. Il eft vray qu'il eft difficile à prefent de fouffler des Exploits à raifon du Contrôle, mais cela ne peut difpenfer du Déplacement, ny de l'Inventaire, ny d'un Gardien : car c'eft l'Ufage de tous les Lieux où le Privilege du premier Saififfant eft reçû.

On n'a point parlé dans nôtre Article des Brandons, Barres ou Arrêts, parce que ce n'eft pas l'Ufage à Befançon d'établir un Sequeftre ou Gardien dans ces sortes de Saisies, il se pratique seulement de faire mettre des Panonceaux sur les Fonds saisis par Brandon, de faire signifier la Saisie au Debiteur, & de le faire assigner, pour voir dire que les Fruits saisis seront vendus & ajugés au plus Offrant, & le prix distribué au Saisissant à concurrence de ce qui luy est dû; ceux qui y ont interêt peuvent y intervenir pour être presens à la vente des Fruits, les encherir si bon leur semble, & assister à la distribution du prix en provenu : On y observe l'ordre des Créances, sans déroger à la préference dûë au premier Saisissant & au Proprietaire du Fond, si les Fruits sont saisis sur celuy qui l'a cultivé.

Nôtre Usage est contraire à celuy du **Comté de Bourgogne**, où le Privilege du premier Saisissant de Fruits sur le pied n'a pas lieu, non plus que pour le premier Barrant ou Arrêtant.

Coquille sur la Coûtume de Nivernois, Titre des Exécutions, Article 14. & Brodeau sur l'Article 92. de la Coûtume de Paris, estiment que les Fruits saisis séparement du Fond, sont Meubles, & qu'ils doivent être mis en Sequestre : On n'a jamais suivi à Besançon cette formalité, qui seroit également desavantageuse aux Créanciers & aux Debiteurs, & qui rendroit ces sortes de Saisies trés-difficiles & dispendieuses ; il suffit en cette matiere pour acquerir le Privilege du premier Saisissant, de pratiquer ce qui est dit cy-dessus, en gardant d'ailleurs les autres formalités des Saisies.

A l'égard des Barres ou Arrêts, le Privilege s'acquiert par le seul Acte de Saisie, entre les mains d'un Tiers, qui doit ou tient quelques Effets appartenans au Debiteur , pourvû que le Créancier fasse donner assignation sur le champ , ou sans retardement à celuy qui tient ou garde les Effets du Debiteur pour en faire son affirmation.   Cette Saisie dure 30. ans, encore que le Debiteur n'ait pas été assigné pour consentir la main-levée des choses arrêtées ; on l'a ainsi jugé au Parlement de Besançon en   suivant l'opinion de Ferriere sur l'Article 178. *n.* 15. de la Coûtume de Paris.

Il seroit difficile de garder d'autres formalités, d'autant plus que le tiers-Detenteur doit être regardé comme le Gardien des choses arrêtées.

Le Privilege accordé à celuy qui fait le premier apposer le Scelé, ne peut être contesté par défaut de déplacement & d'établissement de Gardien, tant parce que ce n'est pas l'Usage de Besançon , que parce qu'il n'est pas permis de déplacer en faisant sceler les Meubles & Effets : il y a d'ailleurs un déplacement suffisant par l'établissement d'un Gardien des Scelés.

On observe encore que le Créancier qui veut saisir & déplacer n'a point de préference sur les Meubles & Effets déja saisis , & remis seulement au pouvoir d'un Gardien ; c'est nôtre Usage, & c'est aussi l'opinion de Taisand , Lange & Ferriere aux lieux cités cy-dessus, contre le sentiment de Chopin, Coquille & autres , qui ont écrit sur cette matiere.

ARTICLE XI.

SI un Créancier hypotecaire non privilegié se trouve en concour avec un Créancier Chirografaire ou personnel dans l'apposition du Scelé, ils seront payés

*au sol la livre par preference aux autres Créanciers;
& il en sera usé de même à l'égard des Saisies, Barres
ou Arrêts & Brandons.*

Notes sur l'Article XI.

LA préference que l'Usage accorde par cet Article, n'est que le fruit de la diligence, qui donne en
ce cas au Créancier Chirografaire un droit égal à
l'Hypotecaire, & qui admet entre-eux la contribution au sol la livre, parce que se trouvant également
privilegiés par la même diligence; l'un des
Privileges ne doit pas détruire l'autre. Loüet, *lettre
M. n.* 10. en rapporte un Arrêt. Brodeau sur la Coûtume de Paris, *art.* 178. *n.* 4. est de cet avis, fondé
sur la Loy, *Si fuerit* 10. *ff. de reb. dub.* Goth. suit la
même opinion sur cette Loy. Brodeau, qu'on vient
de citer, veut encore aprés Baquet en son Traité
des Droits de Justice, *chap.* 21. *n.* 290. que les second & troisiéme Saisissans soient payés suivant
l'ordre de leurs Saisies : Mais ce sentiment ne paroît pas juste dans l'espece de plusieurs Saisies,
Barres & Brandons d'un même Bien : car nôtre
Usage ne donne le Privilege qu'au premier Saisissant;
il ne doit donc pas être étendu au second, ny au
troisiéme, dont la vigilance ne seroit dans le fond
qu'un effet de l'avidité, ou du bonheur d'avoir été
informé de la premiere Saisie avant d'autres Créanciers. Ainsi on doit entendre l'opinion de Baquet
& de Brodeau à l'égard des Saisies d'Effets differens.

Il n'est pas inutile d'observer icy que le Privilege

du premier Saififfant n'a pas lieu , lorfque le Créancier a fait arrêter le prix de la vente d'un Fond ,
parce qu'en ce cas le prix fuccede à la chofe , *fubro-
gatum fapit naturam fubrogati.*   Les Créanciers aufquels le fond eft hypotequé, ne peuvent en partager le prix que fuivant l'ordre de leurs hypoteques.
C'eft le fentiment de Brodeau & de plufieurs autres
qu'il cite fur l'Article 178. *n.* 3. de la Coûtume de
Paris, où il ajoûte qu'on en ufe encore de la même
maniere , lorfque le Debiteur commun eft Oppo-
fant dans un Decret , & qu'il eft inutilement colloqué *:* en ce cas les Créanciers Saififfans ou Oppofans fur cette collocation, ne font payés que felon l'ordre de leurs Hypoteques , & non de leurs
Saifies , ce qui eft trés-jufte.   Ferriere fur l'Article
178. *n.* 19. & 23. de la Coûtume de Paris en rapporte deux Arrêts.

A R T I C L E   XII.

LES *Créanciers Oppofans ou Intervenans dans
les Saifies , Arrêts & Brandons , avant
le Jugement de main-levée & la diftribution des deniers en provenus , y feront pourvûs fuivant l'ordre
de leurs Hypoteques & Créances, aprés les premiers
Saififfans , & les Créanciers privilegiés payés , comme
il eft dit cy-devant.*

Notes fur l'Article XII.

CET Ufage eft fondé fur les Loix 2. & 3. du
C. qui pot. in pign. habeant.   Nous ne fuivons pas la

contribution au sol la livre dans la distribution des deniers provenus des Meubles, Effets & Fruits saisis, comme il a été dit sur l'Article IX. de ce Titre. Basnage en son Traité des Hypoteques, *chap. 9.* montre la justice de cet Usage, & l'ordre qui doit être suivi dans la distribution des deniers.

ARTICLE XIII.

LES *Meubles qui ont été aliénés ou mis en gage par le Debiteur sans fraude, n'ont point de suite par hypoteque, encore qu'ils n'ayent pas été vendus d'autorité de Justice.*

Notes sur l'Article XIII.

CET Usage est une suite des precedens : la Coûtume du Comté de Bourgogne, *Titre* 18. ne parle que des Meubles saisis sur Debiteurs & mis hors de leur puissance, à l'égard desquels on ne fait point d'attention à la priorité de tems ; mais par l'Usage de Besançon les Meubles n'ont point de suite par rapport seulement à la faculté que le Debiteur a de les aliener, & donner en gage sans fraude, & nullement lorsqu'il s'agit de distribuer le prix en provenu, qui se paye aux Créanciers, premiers Saisissans, Privilegiés, Hypotecaires & autres, selon l'ordre porté dans les precedens Articles & par les Notes y faites.

Ceux qui ne sont pas intervenus dans les Saisies ou dans la distribution des deniers, n'ont plus d'action, ny contre les Acheteurs des Meubles & Effets saisis, ny contre les Créanciers payés.

Le Debiteur peut aliener, non seulement ses Meubles & Effets mobiliaires, mais encore ses constitutions de Rentes assignées sur des Biens situés à Besançon, & dans l'ancien Territoire, comme il a été dit par l'Article VII. du Titre 5. les obligations portans Rentes, ou non, de même que tous autres noms de dettes, sont pareillement alienables à Besançon, où ils sont regardés comme Meubles.

Il reste une difficulté considerable sur la suite des Meubles, ou plûtôt des Marchandises venduës par un Marchand extantes & non payées. Il est constant que le Droit de suite n'a jamais eu lieu à Besançon ; le Parlement de cette Ville semble néanmoins vouloir l'introduire par une Déliberation ou un Arrêté du 28. Novembre 1710. qui paroît juste; parce que suivant le Droit Ecrit, *Vendita res & tradita non aliter Emptori acquiruntur, quàm si is Venditori pretium solverit, §. si Vendita institut. de rer. divis.* la Loy *Procuratoris 5. §. sed si dedi, ff. de tribut. act.* y est formelle. *L. quod vendidi 19. ff. de contrah. Empt.* Loüet & Brodeau *let. P. n. 19.* disent que le Droit de suite a été jugé en faveur du Vendeur, aussi-bien en Païs de Droit Ecrit, que dans les Coûtumiers, où l'on a toûjours donné la preference au Vendeur des Effets saisis & retrouvés en la puissance du Debiteur, & nullement lorsque l'Acheteur n'étoit plus saisi de la chose venduë. Les nouveaux Commentateurs de la Coûtume de Paris sur l'Article 176. de l'Edition de 1710. rapportent plusieurs Arrêts qui l'ont ainsi decidé, & l'on estime cette Jurisprudence trés-équitable. Si on l'introduit à Besançon, l'on ne fera que suivre l'exemple du Parlement de Dijon, qui n'admettoit pas anciennement le

Droit de suite, & qui l'a presentement établi par
divers Arrêts rapportés par Mr. Taisand sur l'Article IV. du Titre 5. Notes 22. de la Coûtume du
Duché de Bourgogne.

TITRE VIII.

Des Decrets & Saisies réelles.

ARTICLE I.

I L n'y a point de *somme réglée à Besançon,
pour pouvoir commencer un Decret, mais on
n'a pas coûtume d'en souffrir un pour une
somme moindre de cinquante frans, monnoye ancienne
de ce Païs.*

Notes sur cet Article.

LES anciennes Ordonnances du Comté de Bourgogne défendent de commencer un Decret pour
une somme au-dessous de cinquante frans, faisans
en monnoye du Royaume 33. livres 6. sols 8. den-
niers; par le Livre de Mr. d'Ancier, *feüil. 78. verso.*
Il est dit, qu'on ne peut commencer un Decret
pour une somme legere, ny pour deux arrerages
de Rente, ce qui montre qu'il faut au moins cinquante frans pour saisir, & discuter les Immeubles
du Debiteur, afin de ne pas s'éloigner de ce qui
s'observe au Comté de Bourgogne, dont les Usages
doivent

doivent plûtôt être consultés & suivis dans les matieres douteuses, que ceux des Païs voisins.

ARTICLE II.

*LES Cessionnaires & les Fermiers peuvent faire
proceder par Saisie réelle, comme les autres Crean-
ciers.*

Notes sur l'Article II.

ON a écrit cet Article, parce que les anciennes Ordonnances du Comté de Bourgogne défendent aux Cessionnaires & aux Fermiers de commencer des Decrets, s'il n'y a trois ans écoulés
depuis la cession, & à l'égard des Fermiers pour
une somme au-dessous de cent frans ; ce qu'on n'observe pas à Besançon, où les Ordonnances de Franche-Comté n'ont point de force, & où il n'y a
point de semblable défense.

ARTICLE III.

*CELUY qui veut commencer un Decret, doit par
le premier Exploit de Saisie interpeller le Debiteur de donner des Meubles ou Effets suffisans pour
le payement du Demandeur en Saisie, lesquels feront
vendus préalablement suivant les formalités prescrites
par l'Ordonnance de 1667. & en cas de refus de
Meubles & Effets, ou qu'il n'y en ait pas assés pour
satisfaire le Créancier saisissant ; il pourra faire saisir
les Immeubles du Debiteur en gardant les mêmes criées*

*& procedure pratiquées au Comté de Bourgogne en
cette matiere, sans que nianmoins il soit besoin de perquisition de Meubles à l'égard des Debiteurs majeurs
de vingt-cinq ans.*

Notes sur l'Article III.

CET Article est tiré des Memoires des anciens
Avocats qui ont toûjours estimé, qu'il n'étoit pas
absolument necessaire à Besançon, comme dans le
Comté de Bourgogne, de faire une perquisition
des Meubles, Effets & Fruits pendans sur les Fonds
du Debiteur avant la Saisie réelle de ses Héritages,
parce que l'experience enseigne que cette formalité
donne lieu à une infinité d'Incidens qu'un Debiteur
oberré & poursuivi a coûtume de former pour
fatiguer & rebuter ses Créanciers. C'est la raison
pour laquelle il a toûjours suffit à Besançon de re-
querir le Debiteur de donner des Meubles & Effets
à concurrence de la somme prétenduë par le Créancier, & lorsqu'il le refuse, on passe outre à la Saisie
réelle, sans autre perquisition : Ce qui ne fait point
de tort au Debiteur, parce qu'il ne tient qu'à luy,
s'il a des Meubles & Effets suffisans, de les vendre
& les employer à l'appaisement du Créancier, &
par ce moyen faire cesser toute Saisie.

Si le Debiteur offre des Meubles & Effets au Sergent, on commence par les vendre, & s'ils ne suffisent
pas au payement de la somme prétenduë par le Saisissant, le Sergent procede à la Saisie réelle & aux
criées qui se font, comme celles du Comté de Bourgogne ; on examine la validité des Exploits, & on
rend un Jugement sur leur validité ou invalidité ;

on en rend enfuite un autre fur l'ordre des Créanciers oppofans ; on pratique enfin les mêmes formalités que celle du Païs, à l'exception de la perquifition qui n'eft requife qu'à l'égard de la Saifie des Biens des Mineurs ; c'eft même l'Ufage de tout le Royaume, comme le remarquent Loüet & Brodeau, *let. M. n.* 15. parce que les Loix ne permettent pas de vendre les Biens en fond des Mineurs, avant la difcuffion des autres Biens, comme il fera dit par l'Article fuivant, & par les Notes y faites.

ARTICLE IV.

L ES Pupils & les Mineurs ne font pas reçûs à fe rendre Impetrans en Purgation d'Hypoteques fur leurs Biens propres, ny à les faire difcuter ou vendre, fi ce n'eft en gardant les folemnités prefcrites par le Droit Ecrit.

Notes fur l'Article IV.

ON a pris une partie de cet Article dans la Pratique Judiciaire de Befançon, *page* 116. il n'y a rien que de conforme au Droit Ecrit, qui défend l'alienation des Biens des Mineurs, s'il n'y a neceffité preffante ; *Si urgeat æs alienum ,* comme parlent les Jurifconfultes.

Pour juger de la neceffité, il faut que les Parens plus proches du Mineur, du moins au nombre de cinq, avec les Tuteur & Curateur, s'affemblent chés le Juge du Lieu, où le Mineur refide, en prefence du Juge & du Procureur Fifcal, qu'ils déliberent mûrement & sans partialité sur les causes de l'aliénation, & sur les moyens d'y parvenir avec le moins de frais & de risque qu'il est possible. Les Parens doivent être âgés de 25. ans, & après un examen serieux de la necessité & de l'utilité de l'aliénation, le Juge sur les suffrages des Parens, sur le Procés verbal de leur dire & suffrages, & sur les conclusions du Procureur Fiscal, peut, s'il le trouve juste & necessaire, permettre l'aliénation, soit par voye de purgation d'Hypoteques, ou autrement; pour le plus grand avantage du Mineur, il faut du moins deux criées & deux encheres publiques, afin que les Biens ne soient pas vendus à vil prix, ny par surprise; les criées doivent être de quinzaine chacune, & l'adjudication ne peut être faite que par le Juge sur les conclusions du Fisc.

Ces formalités sont à peu prés les mêmes prescrites par la Loy, *Magis puto, §. non passim & seq. ff. de reb. eor. qui sub Tutela.* Cette Loy marque ce que les Juges doivent faire en cette occasion, qu'on doit commencer par les choses mobiliaires, & à ce défaut par les Fonds de moindre valeur & les plus à charge au Mineur; *Ne propter modicum æs alienum magna possessio distrahatur.*

Le Juge & les Parens doivent être si attentifs & si exacts en cette matiere qu'ils sont menacés par les Loix d'en répondre en leurs propres noms, comme lorsqu'ils choisissent des Tuteurs & Curateurs insolvables, *ut tot. tit. C. de Magistrat. conven.*

Les Acheteurs des Biens des Mineurs doivent encore craindre lorsqu'ils ont la temerité de les acquerir sans formalité, ny necessité, parce que les Mineurs ont la faculté d'y rentrer de plein droit, &

de contester le remboursement du prix de l'achat, s'il n'a pas été employé utilement: la Loy, *Etsi præses 5. C. de præd. & al. reb. Min.* permet aux Mineurs de rentrer dans leurs Biens nonobstant le decret du Juge, s'il est intervenu sans utilité & necessité évidente.

ARTICLE V.

LES Acquereurs qui pour sûreté de leur achat voudront faire mettre en purgation d'Hypoteques les Biens par eux acquis, seront tenus, à peine de nullité, de faire mention par les Criées & Affiches du nom des Personnes dont proviennent lesdits Biens, lesquels néanmoins pourront être montés, encheris & ajugés à d'autres, comme si le decret étoit fait à la Requête d'un Créancier.

Notes sur l'Article V.

CET Article est de la Pratique Judiciaire de Besançon, *page* 118. on l'a toûjours observé, non seulement en cette Ville, mais encore dans le Comté de Bourgogne, & il est fondé sur ce que le Debiteur n'a pas droit d'aliener son Bien au préjudice de ses Créanciers, *Tot. tit. ff. quæ in fraud. credit.* Celuy qui expose en vente publique le Bien qu'il a acquis, ne doit pas trouver mauvais qu'on y fasse des Encheres, sans lesquels & sans une adjudication, l'Acquereur ne peut esperer de sûreté ; les Créanciers & tous autres ont la liberté d'encherir le prix de l'achat, *Quia faciunt meliorem pignoris causam ;* mais s'il ne se trouvoit point de Créancier, il sembleroit peu juste de dépoüiller l'Acquereur de son achat, il pourroit néanmoins en ce cas se le conserver en portant le prix plus haut, sans craindre ny les lods, qui quoyque dûs, tant par rapport au prix stipulé par le Contrat particulier, que par rapport à l'augmentation, ne se payent qu'une fois, & en cas de mutation de Possesseur, ny le Vendeur qui seroit tenu de se contenter du premier prix dont il seroit garant.

L'expression du nom des Personnes dont les Biens saisis proviennent, est necessaire, afin de ne pas tromper & surprendre les Créanciers par des noms étrangers, ou par des acquisitions & subhastations frauduleuses & équivoques.

ARTICLE VI.

LES *Parties saisies, les Pupils, les Mineurs, les Enfans de famille non autorisés de leurs Peres, & n'ayant aucun Bien castrense, ou quasi, & les Personnes notoirement insolvables, ne sont pas reçûs à encherir les Biens saisis d'autorité de Justice, soit Meubles, Immeubles ou autres.*

Notes sur l'Article VI.

CET Usage, à quelques circonstances prés, est tiré de la Pratique Judiciaire cy dessus, *pages* 116. *&* 122. & il ne paroît pas qu'on puisse le contester: car les Défendeurs principaux qui sont les Debiteurs saisis, sont non seulement presumés insolvables, mais encore de mauvaise foy, lorsqu'aprés avoir souffert la discussion de leurs Biens, ils osent encore les encherir & tenter de s'en rendre Adjucataires, si on les y admettoit, ils rebuteroient & les Acheteurs & leurs Créanciers, ensorte qu'ils deviendroient invincibles.

Les Pupils & les Mineurs ne peuvent contracter, ny en Jugement, ny dehors, il faudroit du moins qu'ils fussent autorisés de leurs Tuteurs & Curateurs, & que ceux-cy s'en portassent Fidejusseurs.

Les Enfans de Famille avec lesquels il est défendu de contracter, sont incapables d'encherir sans l'autorité de leurs Peres, lesquels en ce cas sont réputés caution de leurs Enfans. On ne pourroit admettre aux Encheres que ceux qui sont Majeurs, & qui auroient des Biens castrantes, ou quasi, plus que suffisans pour répondre de leurs Encheres, parce que le Fils de Famille a droit de disposer de cette sorte, des Biens independamment de son Pere, soit par contrat entre-vifs, soit par disposition derniere, *L. cum opportet, C. de bon. qua liber.*

Les Gens insolvables ne sont pas plus recevables dans les Encheres publiques que les Défendeurs principaux, avec lesquels ils ne manqueroient d'agir de concert pour vexer & écarter les Créanciers.

Toutes ces considerations doivent aussi-bien éloigner les Défendeurs principaux, les Pupils, les Mineurs, les Enfans de Famille & les insolvables des Encheres des Meubles & autres Effets, que de celles des Fonds, puisqu'il y a presque égalité de raisons. On peut néanmoins pour la liberté du Commerce admettre les Mineurs & Enfans de Famille aux Encheres de quelques simples Meubles, en payant le prix sur le champ.

ARTICLE VII.

LE *Debiteur sur lequel on ne saisi que des Biens situés dans les Ville & ancien Territoire de Besançon, peut toûjours être admis à en purger les Hypoteques, pourvû que ce soit avant l'adjudication ou délivrance.*

Notes sur l'Article VII.

NOSTRE Article est fondé sur la Pratique Judiciaire dont on a parlé tant de fois ; mais il est different de ce qui se pratique au Comté de Bourgogne, en ce que le Debiteur est admis à purger ses Hypoteques avant la distribution des deniers, au lieu qu'à Besançon il n'y est plus reçû aprés l'adjudication. Ces deux faits dépendent de l'Usage, qui dans l'un & l'autre cas est fondé sur ce que les choses étant encore dans leur entier, avant que l'Acquereur ait payé le prix de l'adjudication, & avant l'envoy en possession des Biens ajugés, le Debiteur qui offre de payer ses Créanciers, doit être oüy & favorisé, particulierement au premier cas où l'on est dispensé d'indemniser l'Adjudicataire par la soûmission du Debiteur avant l'adjudication, aprés laquelle, *cessat jus offerendi, text. in L. 2. C. si antiq. credit. pignus vend.*

S'il se trouve des Biens situés hors l'ancien Territoire de Besançon, en ce cas on doit se régler pour le tems de la purgation d'Hypoteques par la valeur & quantité des Biens qui préponderent, pourvû qu'ils ayent été vendus en blot, *quia à majori parte sumitur*

sumitur denominatio &c major pars attrahit minorem ; Mais
si la Vente est faite en particulier & sans blot , alors
on doit suivre la Coûtume des Lieux où les Biens
sont situés , comme il se pratique en fait de Retrait.

ARTICLE VIII.

LES *Impetrans par Decret &c les Créanciers Opposans seulement , seront admis au Tiercement du
prix des Biens vendus par Decret , pourvû que , &c
non autrement , la distribution ou nantissement des deniers n'ait pas été commencée.*

Notes sur l'Article VIII.

CET Article vient encore de la Pratique Judiciaire de Besançon , *page* 115. ce qui ne s'observe
pas de la sorte au Comté de Bourgogne , où l'on
admet le Tiercement vingt jours aprés que l'Acheteur a été envoyé en possession.

Le Tiercement est la moitié du prix , c'est-à-dire
que si le prix est de 2000. livres , celuy qui veut
tiercer doit y ajoûter 1000. livres.

Le Tiercement peut se faire au Greffe , & celuy
qui le fait est tenu de le signifier , tant à l'Impetrant
du Decret, qu'à l'Adjudicataire : Ensuite on fait des
Affiches , contenans le jour & l'heure pour encherir sur le Tiercement , & il se fait une nouvelle Adjudication & une distribution des nouveaux deniers , suivant l'ordre des Créances ; mais il faut
commencer par le remboursement de ce qui a été
payé par le premier Adjudicataire.

Il n'y a que les Impetrans & les Créanciers opposans au Decret qui soient reçûs à tiercer, parce que ce n'est qu'en leur faveur que le Tiercement est introduit; ceux qui sont payés n'y sont plus admis, parce qu'ils n'ont plus d'interêt.

Mais on reçoit aux Encheres sur le Tiercement ceux qui ne sont pas Créanciers, & tous autres, parce qu'ils sont l'avantage du Debiteur & des Créanciers non payés, on admet bien les Etrangers aux licitations entre co-Héritiers, si l'un d'eux le requiert.

Si les Biens saisis se trouvent situés en partie sur le Territoire de Besançon, & partie dans le Comté de Bourgogne, on se conforme pour le tems du Tiercement des Biens à la situation des Lieux, lorsque l'Adjudication a été faite en particulier, & si elle a été faite en blot, on se régle par la partie qui prevaut en quantité & valeur, comme il a été dit sur l'Article precedent.

L'origine du Tiercement vient de la Loy *Lucius, §. fin. ff. ad municip.* de la Loy *Si tempora, C. de fide & jure hasta fisc.* de la Loy *Etsi sine dolo, §. 1. ff. de minor.* Guy-Pape en sa décision 536. appelle le Tiercement *Tertiamentum à verbo, Tertiare.* Ragueau, *lettre T.* en fait encore mention. C'est une grace qui ne nuit qu'à l'Acheteur, & qui favorise le Débiteur & ses Créanciers qui seroient en perte, & qui tâchent de s'indemniser par ce petit secours.

ARTICLE IX.

SI parmy les Biens saisis il s'en trouve qui soient situés à Besançon, ou dans l'ancien Territoire de cette Ville, & d'autres assis hors la Ville & l'ancien

Territoire, les frais de Justice, lorsque le Debiteur est oberré & insolvable, doivent être distingués par rapport au prix des Fonds ; Ensorte que les frais du Decret concernans les Biens situés hors Besançon & l'ancien Territoire se prélevent, moitié sur le prix des Biens vendus, & le reste sur les Créanciers colloqués utilement, & à l'égard des frais qui regardent les Biens discutés dans les Ville & ancien Territoire de Besançon, ils se prélevent en entier sur le prix des Biens, sans que les Créanciers mis en ordre utile soient tenus d'y contribuer.

Notes sur l'Article IX.

CE qui a donné lieu à cet Article, sont les Ordonnances du Comté de Bourgogne, qui chargent les Créanciers colloqués utilement de la moitié des frais du Decret au sol la livre. Ce Réglement ne peut avoir été fait qu'en faveur des derniers Créanciers, il n'a jamais été reçû ny observé à Besançon, où l'on n'a pas estimé juste de favoriser les derniers Créanciers plûtôt que les premiers ; c'est la raison pour laquelle on a écrit le present Article, afin qu'on ne pû renouveller les contestations formées sur cette matiere. L'Usage a établi la distinction y contenuë, pour que les Ordonnances de la Province fussent suivies en ce qui concerne les Biens qui y sont situés, & que l'Usage de Besançon fut observé à l'égard des Fonds qui en dependent, & qui ne sont pas sujets aux Ordonnances du Païs.

Dans le tems que l'Article cy-dessus a été compilé, on suivoit ce qui y est prescrit ; mais il est devenu inutile, du moins pour l'avenir, parce que dés-lors le Parlement de Besançon a rendu un Arrêt en forme de Réglement le 6. Septembre 1718. par lequel il est déclaré que les frais communs des Decrets seront prélevés cy-aprés pour le tout sur le prix des Biens discutés, & tous Usages contraires revoqués.

Ce Réglement est d'autant plus remarquable, qu'il déclare qu'à la distribution du prix des fruits saisis, on suivra l'ordre & date des Hypoteques, sans déroger aux Usages & Coûtumes de Besançon.

ARTICLE X.

L E S Seigneurs Censiers qui ne se sont pas opposés aux Decrets, ne perdent que les arrerages de leurs Cens & non les Lods du prix de l'Adjudication, ny leurs autres Droits Seigneuriaux, pourvû que depuis le Decret ils n'ayent laissé écouler trente ans, sans les demander, si c'est un Seigneur Laïc, & quarante ans, si c'est un Seigneur Ecclesiastique.

Notes sur l'Article X.

L ES anciennes Ordonnances du Comté de Bourgogne privent les Seigneurs Censiers qui ne se sont pas fait colloquer dans les Decrets, non-seulement des arrerages de leurs Cens & Redevances, mais même des Lods pour cette fois, ce qu'on n'observe pas à Besançon à l'égard des Lods, parce qu'il n'y a point d'Usage, ny de Loy qui en dépoüille les Seigneurs ; au contraire par la Loy 2. *C. sine censu*

& reliq. fund. compar. non poſſe ; il eſt défendu de vendre, ny acheter ſans le Cens, *quia res tranſit cum onere, L. inter debitorem 42. ff. de paƈt. L. etiam , ff. qui pot. in pign. hab.* Ainſi les Seigneurs direƈts ne perdent à Beſançon que les arrerages échûs de leurs Cens par défaut d'oppoſition aux Decrets des Fonds ſur leſquels ils ſont aſſignés ; & quand ils y ſont Oppoſans, ils ſont préferables à tous autres pour leurs Cens & autres Droits.

Mais ſi depuis l'évacuation du Decret ils laiſſent écouler trente ans, ſans faire aucun devoir contre l'Acheteur, ils perdent le Droit de Cens & les Lods, & leurs autres Droits ; parce que cette negligence eſt regardée comme un Aƈte negatif, en vertu duquel l'Acquereur peut preſcrire la liberté du Fond vendu publiquement , *& ſub fide haſta publica* , on conſidere alors l'Acheteur par Decret , comme le tier-Detenteur, auquel on a vendu le Fond en francaleu, & qui peut en conſequence preſcrire le Droit & la liberté du Cens par le laps de trente ans, contre un Seigneur Laïc, & de quarante ans contre le Seigneur Eccleſiaſtique, comme on l'a dit ſur l'Article I. du Titre des Preſcriptions, Argu. *L. ſi quis emptionis in princ. C. de praſcript. 30. vel 40. ann.*

Si le Seigneur Cenſier prétendoit des Droits exorbitans ſur les Biens vendus , il ſeroit juſte d'indemniſer l'Acheteur , auquel l'Adjudication auroit été faite avant l'oppoſition du Seigneur ; c'eſt le ſentiment du Commentateur de Mr. Le Prêtre *Cent. 1. chap. 62.* Argu. *L. 1. ſ. Venditor, & L. ſi tibi 8. L. Julianus , ſ. 6. L. ſi ſterilis , ſ. 1. L. ſi quis fundum, & L. ſi in venditione , ff. de aƈt. empt. quia alias non eſſet empturus , vel minoris ſi certioratus fuiſſet.*

ARTICLE XI.

LES Seigneurs Censiers sont reçûs en opposition aux Decrets en tout état de cause, avant néanmoins l'envoy en possession, sans avoir besoin de permission des Juges Supérieurs, comme les autres Créanciers, qui ne se sont pas opposés avant le Jugement d'ordre.

Notes sur l'Article XI.

NOSTRE Article est un Usage fondé sur le privilege des Seigneurs directs, ausquels on ne signifie pas les Criées, non plus qu'aux autres Créanciers ; on peut dire que les Seigneurs ayans le Domaine direct des Biens sur lesquels leurs Cens sont assignés, ils doivent être entendus en tout état de cause, ce qui est sans difficulté à l'égard des Droits de Lods, qui sont par nos Usages à la charge de l'Acheteur.

Mais quant aux arrerages de leurs Cens & Redevances, leurs oppositions sont inutiles aprés la distribution des deniers, soit par provision, soit par diffinitive, & il ne leur reste que le Droit de se faire payer des Cens & Redevances à écheoir depuis le Decret, outre les Lods, ce qui ne produit qu'une Action contre l'Acheteur, & non sur le prix des Biens vendus.

Lorsqu'un Créancier ne s'est pas opposé avant le Jugement d'ordre, on pratique à Besançon & au Comté de Bourgogne, de ne plus recevoir son opposition, il doit donc recourir par Requête au

Parlement , pour faire admettre son opposition ;
on ne luy refuse pas cette grace , & l'Usage est de
renvoyer la Requête au Commissaire du Decret,
avec pouvoir de pourvoir le Créancier sur sa demande. On l'a ainsi pratiqué à Besançon depuis
que le Parlement est en cette Ville.

Si le Seigneur s'opposoit aprés l'Adjudication ,
comme il en a le Droit, sans Requête , il seroit raisonnable de dédommager l'Acheteur lorsque le Seigneur prétend des Droits exorbitans, comme il a
été dit sur l'Article precedent , *quia fides publica ne-*
minem fallere debet : Mais l'opposition est inutile aprés
la distribution des deniers.

ARTICLE XII.

*L*ES *Decrets ne purgent pas les Servitudes visi-*
bles pour la conservation desquelles l'opposition
n'est pas necessaire.

Notes sur l'Article XII.

*O*N a crû devoir terminer cette question par
un Article particulier , qui doit d'autant mieux être
approuvé , qu'il est conforme au Droit Ecrit suivi à
Besançon, la Loy *Via constituti* 23. *§. si fundus* , *ff. de*
servit. præd. rustic. : decide cette difficulté sans aucune
distinction des Servitudes visibles ou continuës , &
des invisibles ou discontinuës : On voit la même
décision dans la Loy *Cum fundus* , *ff. communia præd.*
& en la Loy *Neque* , *ff. quid. modio ususf. amitt.* Mais
les Auteurs qui ont écrit sur cette matiere sont

d'avis que les Loix cy-deſſus doivent s'entendre des Servitudes viſibles ou continuës, & que les autres ſe purgent & éteignent par les Decrets, s'il n'y a oppoſition pour les conſerver; Brodeau ſur Loüet, *lettre S. n.* 1. eſt de cette opinion, de même que Mr. Le Prêtre *Cent.* 1. *chap.* 62. *n.* 20. où il dit que le Droit de Dîme ne ſe purge pas par le Decret; c'eſt auſſi nôtre Uſage, & la diſtinction cy-deſſus paroît fort juſte, puiſque l'Acheteur ne peut ignorer ce qu'il a pû ou dû voir : Mais il ſeroit trompé, ſi on venoit prendre ſur un Fond acquis de bonne foy, *& authore prætore*, des Servitudes qu'il n'auroit vû ny prévû, *L.* 1. *§. venditor, ff. de act. empt.*

ARTICLE XIII.

LE ſurplus de la matiere des Decrets volontaires ou forcés, même à l'égard des envoys en poſſeſſion, ſe régle par ce qui s'obſerve au Comté de Bourgogne.

Notes ſur l'Article XIII.

LA ſituation de la Ville de Béſançon a contribué à rendre ſes Uſages & Procedures en matiere de Saiſies réelles, à peu prés ſemblables à ce qui ſe pratique dans la Province, au milieu de laquelle cette Ville eſt ſituée, il n'y a de difference que celles marquées cy-devant.

On y eſt encore uniforme en matiere d'envoy en poſſeſſion, qui eſt une autre voye réelle, plus courte que le Decret, & qui ne tend qu'à la joüiſſance des Biens du Debiteur : le Créancier qui agit par cette

voye,

voye, n'eſt tenu que de faire deux Criées, d'aſſigner le Debiteur & la generalité des Créanciers, & de faire rendre un Jugement, par lequel il eſt envoyé en poſſeſſion des Biens du Debiteur, tant & ſi avant qu'il ſoit payé de ſa créance, à charge d'en rendre compte : cette voye réelle vient du Titre du *Dig. de bon. auth. jud. poſſid.*

Le Parlement de Beſançon a fait un Réglement intérieur le 26. Novembre 1710. qui mérite d'être rendu publique, parce qu'il établit une voye plus facile & moins diſpendieuſe pour faire vendre les Biens du Debiteur ; c'eſt par le moyen de la priſée & eſtimation des Biens à concurrence de ce qui eſt dû, il ſeroit trop long d'en rapporter icy la procedure, elle eſt décrite dans le Réglement cy-deſſus qui a été vû & agréé par Monſeigneur le Chancelier de Pontchartrain, & dont pluſieurs Avocats & Praticiens ont connoiſſance. Mais ſi les Biens du Debiteur étoient ſuffiſans pour ſupporter les frais du Decret, on ne pourroit en ce cas pratiquer la voye de priſée & eſtimation, ſuivant que Monſeigneur le Chancelier s'en eſt expliqué, parce que cette voye n'a été inventée qu'à l'égard des Debiteurs évidemment inſolvables, & pour favoriſer les derniers Créanciers.

F I N.

TRAITÉ

FAIT entre son Excellence Monseigneur le Marquis de CASTEL-RODRIGO, *comme Plenipotentiaire de Sa Majesté d'une part,* & LA CITE' IMPERIALE DE BESANÇON *d'autre, avec la Ratification Royale ensuivie.*

ON PHELIPE, por la gratia de Dios, Rey de Castilla, de Leon, de Arragon, de las dos Sicilias, de Jerusalem, de Portugal, de Navarra, de Granada, de Toledo, de Valencia, de Galicia, de Mallorca, de Sevilla, de Cerdenna, de Cordoüa, de Corçega, de Murcia, de Jaën, de los Algarves, de Algezira, de Gibraltar, de las Islas de Canaria, de las Indias Orientales y Occidentales, Islas y Tierra firme del Mar Oceano, Archiduque de Austria, Duque de Borgonna, de Brabante y de Milan, Conde de Habspurg, Flandes,

Tirol y Barcelona, Sennor de Bifcaya y de Molina,
&c. Haçemos faber que como affi fea que por con-
tribuir de nueftra parte al repofo del Santo Roma-
no Imperio, mediante el reftablecimiento de la Paz
general de Alemania, Huvieffemos volontariamen-
te dejado y alargado la Villa de Franquendal en el
Palatinado adquirida antes por nueftras gloriofas
armas, en trueque de la Villa de Befanzon Ciudad
Imperial libre fituada en nueftro Condado de Borgonna, en cuya fatisfaccion el Sereniffimo Emperador Ferdinando tercero, de comun confentimiento de los Electores, Principes y Eftados del dicho
Imperio cedió y transfirió a nueftra Real Perfona
y Corona y a la de nueftros Succeffores en ella la
dicha Ciudad de Befanzon, como confta por la
Tranfaccion Imperial hecha en Ratisbona a diez y
fiete de Mayodel anno de mil feifcientos & cinquenta y quatro. Y conviniendo a nueftro fervicio, y al bien comun de los Habitantes de la men-
cionada Ciudad de Befanzon paffar al acto de tomar la poffeffion de ella, tuvimos por bien para
monftrar a aquellos nueftros buenos Vafallos el mucho amor que les tenemos, y el contentamiento
que hemos recibido, de que ayan entrado debajo
de la Jurifdicion y Domirio de nueftra Real Corona, de dar plenipotencia y poder perfonal a Don
Francifco de Moura y Cortereal Marques de Caftel-
Rodrigo Gentilhombre de nueftra Camara, de
nueftro Confejo de Eftado y nueftro Governador y
Capitan general de nueftros Payfes Bajos, paraque
en nueftro Real Nombre y reprefentando nueftra
propria Perfona ajuftaffe, trataffe y concluyeffe enteramente, en conformidad de nueftras ordenes,

y de la conceffion del Sereniffimo Emperador Ferdinando tercero , las dificultades que pudieflen
ofrecerfe en razon de tomar la poffeffion de la ya
nombrada Ciudad de Befanzon , haciendo toto
aquello que nos otros mifmos hariamos y hazer
podriamos, a un que fueffe de tal calidad que re-
quirieffe otro mas efpecial poder y comiffion , y
obligar Nos y a nueftros Succeffores y derecho havientes al complimiento de ello , y paraque con-
fecutivamente paffafe a tomar la poffeffion de ella:
En cuya conformidad haviendofe transferido el dicho Marques de Caftel-Rodrigo a la arriba nombrada Ciudad de Befanzon con la infinuada pleni-
potentia y poder , y conferido , tratado , convenido
y ajuftado en nueftro Real Nombre, tanto por Nos,
como por nueftros Succeffores y derecho avientes,
con los Governadores , ancianos Governadores,
Veinte y ocho , Quarenta y dos Notables y Ciudadanos, tanto por fi como por fus Succeffores, para
llegar a la execucion de la toma de la poffeffion de
dicha Ciudad el figuiente tratado , que va inferto
de palabra a palabra traducido de la lengua Francefa
en la Efpannola. Como affi fea que de muchos
figlos a efta parte la Ciudad de Befanzon abria de-
pendido imediatamente del Santo Imperio Roma-
no como Ciudad Imperial libre , hafta que el invincible Emperador Ferdinando tercero de gloriofa
memoria para concurrir al bien de la Paz general
des Imperio de confentimiento de tonos los Eftados convocados en la Dieta de Ratisbona , auria
transferido y cedido la dicha Ciudad a fu Mageftad Catholica Phelipe quarto Rey de las Efpan-
nas que al prefente reyna y Dios guarde, en true-

que de la Fortaleça de Franquendál ocupada por
fus armas en el Palatinado fegun el Diploma de
diez y fiete de Mayo mil feifcientos cinqüenta y
quatro, debajo de la referva todavia de todos los
derechos y privilegios competentes a la dicha Ciudad de Befanzon, expreffamente declarada por el
dicho Diploma, y confirmada por letras del invincible Emperador Leopoldo al prefente reynante
dadas en Viena a quatro de Noviembre mil feifcientos y feffenta ; y que defpues fu dicha Mageftad
Catholica aya hecho faber a la dicha Ciudad, que
fu intenzion y voluntad era el proceder a la execucion de la dicha tranflacion y trueque, a que ella
auria condefcendido de buena gana, eftimandofe
dichofa en paffar debajo de la gloriofa Dominacion
de tan grande y poderofo Monarca, aquien ella
affimifmo auria efcogido antes de aora por fu Protector, particularmente quando ha fabido, que la
Comiffion de tomar la poffeffion de ella y executar
enteramente en efte particular el dicho trueque, fe
avia dado por fu Mageftad a fu Excellencia el Sennor Don Francifco de Moura y Cortereal Marques
de Caftel-Rodrigo Conde de Lumiares, Sennor de
Tierra nueva, Governador y Capitan General He-
reditario y perpetuo de la Iflas de Tercera, fan
Gorge, Fayal y Pico, gran Comendador de la Orden de Chrifto, del Confejo de Eftado de fu Mageftad, Gentilhombre de fu Camara, Governador y
Capitan General de fus Payfes Bajos y de Borgonna,
y que era con un amplio y pleno poder para con-
firmar y confervar todos los derechos y privilegios
competentes à la dicha Ciudad, y de que ella auria
gozado tanto en virtud de Diplomas Imperiales que

de sus antiguos derechos y libertades, y assimismo
para tratar dello, transigir y accordar, sea en todo
sea en parte, como hallaria convenir assi al servicio
de su Magestad, que al bien y quietud de la dicha
Ciudad y de toda la Provincia de Borgonna donde
ella esta situada. Por tanto aviendose el dicho Sennor Marques transferido a la dicha Ciudad de Besanzon, con el referido poder de su Magestad dado
en Madrid a veinte y uno de Julio del anno corriente
mil seiscientos sessenta y quatro, firmado de la Real
mano, sellado de su sello y refrendado D. Blasco
de Loyola Scretario de Estado, que quedara original con las presentes, en nombre de su Magestad,
tanto por si, como por sus Successores y causa avientes de la una parte, y los Sennores Governadores,
ancianos Governadores, Veinte y ocho, Quarenta
y dos Notables y Ciudadanos por si tambien, sus
Successores y causa avientes de la otra parte, trata-
ron, convinieron y accordaron, para la execucion
del dicho trueque como se sigue. A saber, que
todos los derechos, libertades, privilegios, prero-
gativas, immunidades, franquecas, costumbres y
usanças de la dicha Ciudad se le conservaran sin
alteracion alguna, como las ha gozado por lo passado, y aun goza al presente, segun se contienen
y declaran en los Diplomas de los Emperadores
Carlos el quarto, Venceslao, Sigismundo, Frede-
rico, Maximiliano primero, Carlos quinto, Ferdinando primero, Maximiliano segundo, Rudolfo
segundo, Mathias, Ferdinando segundo y Ferdinando tercero, cuyos originales vió su Excellencia
el dicho Sennor Marques de Castel-Rodrigo que
los reconoció y aprobó en nombre de su dicha Ma-

geſtad , ſus Succeſſores y derecho avientes , y pro-
metió en ſus Nombres , como por eſtas promete
de guardar las y conſervarlas perpetuamente y para ſiempre , ſin alteracion alguna , debajo de la palabra Real y juramento de ſu dicha Mageſtad , debajo dereſerva de aquellos de que ſe tratata deſpues,
teniendo los aqui por eſpecificada y individual-
mente expreſſados , como eſtan declarados y de-
ſignados en los Protocolos y copias autenticas
que quedaran aqui juntos. Tambien y expreſſa-
mente , en virtud del miſmo poder , y enquanto
fuere neceſſario , ha declarado y declara el dicho
Sennor en el nombre referido, que la dicha Ciudad
de Beſanzon dependera en adelante imediatamente
de la Real Perſona de ſu Mageſtad y de las de ſus
Succeſſores , ſin que ſea obligada a acudir a los Governadores , Miniſtros y Conſejos de los Payſes
Bajos , o Condado de Borgonna, ny a otra parte
por recurſo en ſus pretenſionés , ſino directa y
imediatamente a la Real Perſona de ſu Mageſtad ,
como ella lo hacia antes de aora a las de los ſacros
Emperadores , quando eſtava debajo de ſu Dominacion. Que la forma del Govierno y Juriſdicion
que ha poſſeydo y poſſee al preſente, ſe continuara
de aqui adelante , debajo de reſerva todavia de lo
que ſi ſigue reſpeto de la dicha Juriſdicion. Que la
dicha Ciudad ne podra ſer enagenada ny transfe-
rida por ſu Mageſtad , ſus Succeſſores o derecho
avientes por qualquier cauſa que ſea , fuera de ſu
Dominacion , ſin el expreſſo conſentimiento de
los Ciudadanos de dicha Ciudad de Beſanzon, ſegun por lo paſſado no lo podia ſer fuera del Do-
minio del Imperio ; y eſto en conſideracion de que
han

han dado y dan su consentimiento al traspasso que
de ella se ha hecho a su Magestad en virtud del
dicho trueque, si bien se hizo sin su sabiduria. Y como entre los derechos y privilegios competentes a
la dicha Ciudad, ella tenia antes de aora los de eligir
un Protector y hazer tal aliança qual juzgava convenir para su seguridad, de que avia gozado hasta al
presente sin contradicion, como por los contratos
hechos sobre este particular, assi con su Magestad
que al presente reyna, como con sus augustos Pre-
decessores y otros, de los quales derechos de proteccion y alliança aviendo su Magestad mostrado
convenir a su Real servicio, y deseado tratar de ellos con la dicha Ciudad, los Ciudadanos para mon-
strar su submission y prompta obediencia a su Magestad y el deseo que tienen de complacer le en
todo, al entrar debajo de su dichosa Dominacion,
como ellos lo quieren hazer en adelante volontaria-
mente se han despodajo y apartado de los dichos
derechos de eligir un Protector, y hazer tal aliança
que bien les pareciesse, con promessa de no hazer
alguna, ny de eligir Protector alguno de aqui adelante, sin orden y mandato expresso de su Magestad
o sus Succeslores, mediante todavia las cosas y con-
diciones aqui abajo declaradas, y prometidas a la
dicha Ciudad de parte de su dicha Magestad por el
dicho Sennor Marques su Plenipotenciario, y el entero efeto de ellas, y no de otra manera. A saber,
que para mayor lustre y esplendor de la dicha Ciudad extenderia, como por las presentes extiende,
su antiguo territorio agregando le los Villajes abajo
nombrados con sus territorios y dependencias,
para ser incorporados al antiguo de la dicha Ciu-

dad, y depender de la total Jurisdicion del Magistrado de ella, debajo de reserva todavia de las Justicias, que pertenençen a los Subditos Feudales de su Magestad, las quales les seran conservadas para exercerlas como por lo passado. Bien entendido sin embargo que las apelaciones, que emanaren dellas, recurriran a la Jurisdicion del dicho Magistrado, como precedentemente solian a los Tenientes de los Baylios. A saber Beure, Larnodz, Busy, Pugey, Arguel, Fontain, Vorges, Boussieres sobre el Doubz, Rancenay, Osselle, Morre, los dos Sones, Gennes, Montfaulcon, el grande Verre, Nancray, Mamiroles, Tarcenay, Montron, Villers, Mercy, Espeugney, Courcelote, Arcier, Chaleze, Trepot, Fertan, Cleron, Maiziere sobre la Louë, Scey sobre la Louë, Amondan, Cademene, Malbran, Rurey, Foucheran, Nazey, el Hospital de bosque gruesso, Dampmartin, Bouclan, Glamondan, Ambre, Osse, Vauchamp, los tres Oigney, Vaite y Champlive, Gonsfans y la Granja de Vieney, Deluz, Amagney y la Malemaison, el pequenno Verre, Novillars, Chalezeule, Roche, Marchaut, Talenay, Brailan, Champoux, Vielley, Merey, Bonnay, Devecey, Chevroz, Eschole, Thise, Pirey, Miserey, Poüilley les vignes, Serres, Frasnoy, Chemaudain, Avanne, Champagney, Vaulx, Champvan, Maziroles, Audeux, Pelousez, Chauçenne, Geneüille, Noironte, Placey, Frasney, Cordiron, Recolongne, Moncley, Esmagny, Chevigney, Ruffey, Poüilley françois, los dos Auxons, Cussey, Villersbuson, Corcondray, Vregille, Dannemarie, Thurey, Moncey y Lavernay, con las Granjas du Liege, du Croc y de Valantin; a los quales Villajes, Subditos, Territorios y de-

pendencias (que quedaran debajo de la total Jufticia., Direccion y autoridad del dicho Magiftrado)
fe adminiftrara Jufticia fegun las Coftumbres , Or-
denanças y Edictos del Condado de Borgonna fe-
chos hafta aora., pero no fegun los , que fe haran en
adelante, a los quales no eftara el dicho Magiftrado
obligado de conformarfe, fi no es, que el dicho Magiftrado halle convenir el hazer otros femejantes,
ò que le venga orden expreffa y imediata de fu Mageftad , para hazer los, refpeto de los dichos Subditos nuevos , los quales podran apelar de todas las
Sentencias que fon apelables de derecho, affi en Materias criminales, civiles como fifcales , con condicion todavia, que la fuma de que fe litigare en Materias civiles y fifcales paffe de cinquenta libras, no
comprehendidas las coftas, y no de ay abajo , fino
es que fobrevinieffen inconvenientes, que obligaffen
à fu Mageftad a regular a otra cantidad la de arriba ,
laqval fin embargo no podra fer menor que veinte
libras, con que tambien la fifcal no proceda de caufas concernientes la Policia, o los Edictos politicos ;
de quales , Policia y Edictos politicos juzgara el dicho Magiftrado fin apelacion.   Y afin de provéer al
bien de la Jufticia y alivio de dichos Subditos en el
fenecimiento de las dichas caufas apelatorias , los
referidos Ciudadanos han confentido y confienten,
que fu Mageftad eftablefca en la dicha Ciudad cinco Juezes , que conoceran de ellas en ultima inftancia , los quales abran de fer Ciudadanos origina-
rios, ó Ciudadanos de treinta annos de refidencia,
perfonas legas y graduadas, que durante fu funcion
de Juezes eftaran obligados a refidir en la Ciudad
para adminiftrar en ella la mas prompta Jufticia que

se pueda , y no seran continuados en este empleo
mas que por el tiempo de dos annos , alcabo de los
quales abran de quedar a lo menos un anno , despues
de aver sido mudados , sin el dicho empleo : y como
podria aconteçer que por muerte de alguno de ellos,
parentesco , ó otra causa no se hallasse cumplido el
numero de los referidos cinco Juezes , sera permiti-
do a los que quedaren , el eligir otros no sospechosos
por comission , hasta que aya proveydo a ello su Magestad ; la qual se servira de sennalarles gajes y hono-
rarios convenibiles , y tambien provéera del cargo
de Grefier de las causas apelatorias , que sera Ciuda-
dano como los Juezes , y las multas que procedieren
de las apelaciones frivolas cederan en util de su Magestad ; y en caso que los dichos Juezes de apelacion
confirmassen las Sentencias del dicho Magistrado, ellos le remetiran la execucion de ellas , segun es de
derecho y costumbre juzgando en todas las dichas
materias apelatorias como delegados imediatamente de su Magestad : y en quanto a los Ciudadanos y
antiguos Subditos de la dicha Ciudad , que fueren
juzgados por el dicho Magistrado, estos podran pro-
véerse en segunda instancia , ante los dichos cinco
Juezes , solo en materias civiles que passaren la suma
de docientos francos, no comprehendidas las costas,
y no de ay abaxo ; pero no podran apelar en materias
criminales , y fiscales ny de Policia , de que la total
administracion y Justicia, en ultima instancia , quedara como por lo passado al dicho Magistrado re-
speto de los dichos Ciudadanos , antiguos Subditos
y los deliquentes en la Ciudad , termino y territorio de ella. En la misma consideracion de el aparta-
miento de los derechos de proteccion y de aliança ,

concede fu Mageftad por fu dicha Excellencia fu
Plenipotenciario a los Ciudadanos de Befanzon, que
actualmente refiden en la Ciudad, el derecho de
Evocacion ante los dichos Governadores en primera
inftancia en todas acciones puramente perfonales,
que refulten de contratos inftrumentos, titulos ó
en otra manera que tubieren ó pudieren tener contra los del Condado de Borgonna, debajo de la mifma facultad de apelar, como va referido, ante los
dichos cinco Juezes, que conoceran de ellas en ultima inftancia. Y demas en todas las caufas y acciones perfonales, reales, mixtas y hipotecarias, que
los dichos Ciudadanos tubieren contra los Vaffallos
de fu Mageftad del Condado de Borgonna, tendran
los referidos Ciudadanos el derecho de Evocacion
a fu Parlamento del dicho Condado para ufar de
ella de la mifma fuerte que todas las demas perfonas privilegiadas, que tienen el mifmo derecho, de-
clarando fu dicha Excellencia por eftas en nombre
de fu dicha Mageftad, que todas las Sentencias que
fueren pronunciadas por el Magiftrado de la dicha
Ciudad, de la manera que por los dichos cinco
Juezes, de materias apelatorias llevaran execucion,
y feran executadas en el Pays y Condado de Borgonna, fin otra formalidad de Jufticia, ny claufula
requifitoria, debajo de ofrecimiento hecho y confentimiento reciprocamente dado por los dichos
Ciudadanos de executar en la dicha Ciudad, fu termino y territorio affi nuevo como antiguo, las del
Tribunal del Parlamento, Tenientes y otros Juezes
del dicho Condado. Por las mifmas confideracio-
nes, y afin de provéer al bien de la dicha Ciudad, fu
Mageftad ha prometido y promete por medio de

su dicha Excellencia erigir y estableçer en ella una
Univerfidad, aigual y de la mifma forma que la de
Dola, cuyos Profeffores en todas facultades, Diftri-
butores y otros Oficiales, feran proveydos y llevaran perpetuamente gajes por fu Mageftad y fus Succeffores y efto dentro de un anno proximo a mas
tardar, atendiendo tambien a que la dicha Ciudad
tenia y a el derecho de estableçer la, por Bulas de los
fumos Pontifices y Diplomas de los facros Emperadores, fennaladamente del invencible Emperador
Ferdinando primero, dado en Viena a quinze de
Henero de mil quinientos feffenta y quatro, que fu
dicha Excellencia vió. Y porque no feria razon que
la extencion del territorio concedido a la dicha Ciudad fueffe de perjuicio a lo demas de la Provincia
refpeto de las impoficiones, que fe haran por dona-
tivos gratuitos y la utilitad comun de ella, fe ha
convenido, que los Subditos transferidos a la dicha Ciudad pagaran fu quota y contingente de eftas
impoficiones a proporcion del numero de dichos
Villajes, y por la parte que ellos componen de la dicha Provincia, fegun, que tal parte y quota podrà
fer reconocida y affentada por una vez por fu dicha Excellencia y los Comifes de la Ciudad, bien
entendido que la impoficion y repartimiento en los
dichos Villajes nuevamente transferidos a la dicha
Ciudad, lo hara el Magiftrado ordinario de ella, fobre cartas de fu Mageftad al dicho Magiftrado, ó
cartas de avifo de los Eftados, pero fin que la dicha Ciudad y los antiguos Subditos de ella, ny de
fu territorio puedan jamas fe comprehendidos en
dichas impoficiones y repartimientos. Y finalmen-
te fu dicha Excellencia en el nombre antemencio-

nado ha prometido y promete de tratar lo mas
presto que se pudiere con los que conviene , para
adquirir los derechos de las Justicias de Regalia ,
Viscondado, Mayoria y otras subalternas , que ay
en la dicha Ciudad para suprimir las , afin que sola
la de su Magestad quede en dicha Ciudad, y la exer-
ça el Magistrado dez de luego que ellas , ó alguna
de ellas se aya adquirido. Como tambien por todo
lo contenido en el presente tratado , queda enteramente dissuelto, el que avia de Guardiandad entre
su Magestad y la dicha Ciudad ; su dicha Excellencia en el nombre referido ha declarado , como declara , la dicha Ciudad libre y descargada para lo
venidero , de todo lo que estava obligada a pagar
a su Magestad ; por esta razon y para hazer desde
aora experimentar a la dicha Ciudad efetos de la mu-
nificentia Real y bondad paternal de su Magestad ,
ha dejado y perdonado liberalmente, de gracia espe-
cial y de su proprio motu a la dicha Ciudad , como por las presentes perdona todo lo que la dicha
Ciudad deve , ó puede dever de atrassado a su Magestad por causa del dicho tratado de Guardiandad,
sin que en adelante pueda ser requirida ny molesta-
da por ello , por qualquier razon ó pretexto que sea.
Y mediante el entero complimiento de todo lo de
arriba , y el goço de todos los demas derechos competentes y pertenecientes a la dicha Ciudad , segun
los ha gozado por lo passado , y todavia goça al presente , que su Excellencia ha confirmado y confirma
en nombre de su dicha Magestad y de sus Successores , debajo de promessas de hazerle ratificar todo
lo contenido en el presente tratado , con todas las
clausulas requisitas y necessarias dentro el termino

de feys mefes proximos, los pichos Governadores, ancianos Governadores, Veinte y ocho, Quarenta y dos Notables y Ciudadanos juntados en el Palacio Confiftorial al fon de la campana, y en la forma acoftumbrada para tratar los negocios publicos, reprefentando y haçiendo la mayor parte del pueblo y Comunidad de la dicha Ciudad, affi en fus nombres proprios, como de todos los demas Ciudadanos aufentes, fus Succeffores y caufa havientes han dado fus confentimientos y cumplido efete y execucion a la ceffion hecha a fu Mageftad de la dicha Ciudad, termino y territorio de ella fometiendofe a fu gloriofa y dichofa Dominacion, por el juramento de homenaje y fidelidad que efectivamente le han hecho paffando eftas, en manos de fu dicha Excellencia fu Plenipotenciario y efpecialmente Deputado; bien entendido, que el efeto del dicho juramento quedara fobreceydo hafta la referida ratificacion, y a falta de ella, ó en cafo que la una, ó la otra de las partes, ó fus Succeffores y caufa havientes, por fi, ó por otro contravenieffe directa ó indirectamente en todo ó en parte, en qualquier tiempo que efto fea, a lo contenido en el prefente tratado, cada una de ellas bolvera a entrar en fus derechos, y fu Mageftad particularmente en los, que tiene adquiridos por la ceffion que le ha hecho el Emperador y el Imperio. Prometiendo las dichas partes, en los nombres y calidades referidas, de aver todo lo de arriba por firme, eftable y agradable, haviendo entrevenido devina eftipulacion de una parte y otra, y no contravenir a ello en ninguna manera, ny tiempo que fea, tanto por fi, como por fus Succeffores y caufa havientes. Ordenando fu
dicha

dicha Excellencia de parte de fu Mageftad, que los
dichos Governadores, Magiftrado y Comunidad
de la dicha Ciudad de Befanzon gozon de todos
y qualefquiera de los dichos derechos, gracias, privilegios, franqueças, libertates, obfervancias y coftumbres referidas, en la forma que lo hizieron antes debajo de la Dominacion del Santo Imperio
(fuera de aquellos de que fe ha tratado aqui arriba)
de la mifma fuerte que de todo lo contenido en el
prefente tratado; mandando y prohibiendo de parte de fu dicha Mageftad a todos, de qualquier eftado y condicion que ellos fean, el turbar y emba-
raçarlos en el libre gozo de todo, affi refpeto de
los derechos poffeforios como proprietarios, pena
de incurrir en fu indignacion y otras arbitrarias.
Haviendo fu dicha Excellencia para mayor fegu-
ridad de todo, jurado en nombre de fu Mageftad
de obfervar lo que contienen las prefentes, renun-
ciado las dichas partes refpectivamente todas las
exceptiones contrarias a las prefentes, y tambien
la Ley que diçe que la general renunciacion no vale,
fi no precede la efpecial. En fece de loqual, fu dicha Excellencia firmó las prefentes de fu propria
mano y las hiçó refrendar por Don Alexandro
Velez de Parraga Secretario de fu Mageftad y fuyo,
y fellar con el fello de fu Excellencia, y refpectivamente las firmó en nombre del Pueblo y Comunidad de la dicha Ciudad Juan Antonio Tinfeau
Dotor en leyes, Secretario de Eftado de la dicha
Ciudad, y fe fellaron con el fello grande de ella.
Fechas y paffadas en la dicha Ciudad y Palacio
Confiftorial fufodicho, cerca de las diez horas antes
de medio dia, del die veinte y nueve del mes de

Q

Setiembre del anno mil seiscientos y sessenta y
quatro , hallandose presentes a esto Illustrissimo
Sennor Messire Phelipe de la Baume Marques de
Yennes , &c. Governador del Condado de Bor-
gonna , Illustres Sennores Juan Carlos de Wateville
Marques de Conflans , &c. Baylio de Amont, Juan
Gabriel de Grammont Baron de Fallon , Baylio de
Dola , y otros muchos Sennores assi Ecclesiasticos
como Legos del seguito de su dicha Excellencia tes-
tigos requiridos. *Firmado*, El Marques de Castel-
Rodrigo , Le Marquis d'Yennes , Le Marquis de
Conflans , J. G. de Grammont , D. Alexandro Velez
de Parraga , J. A. Tinseau. Y sellado con el sello del
Marques de Castel-Rodrigo , y el de Ciudad de
Besanzon. EL QUAL preinserto tratado assi
ajustado y concluydo por el dicho Marques de
Castel-Rodrigo , en virtud de nuestra plenipotencia
y poder , en nuestro nombre y el de nuestros Successores y derecho havientes de una parte , y por
los Governadores , ancianos Governadores , Veinte
y ocho , y Quarenta y dos Notables y Ciudadanos
de Besanzon , por si , sus Successores y causa havientes de la otra ; haviendo Nos sido presentado,
y despues vistole todo , y bien examinado de palabra en palabra : Nos por Nos , nuestros Herodes
y Successores y derecho havientes , le hemos reci-
vido por bueno , firme y valido , y lo contenido en
el , tanto en el todo , como en cada una de las partes del , le recivimos , tenemos por bien , loamos ,
aprobamos y ratificamos por esta presente ; prometiendo en fee y palabra de Rey y Principe, por Nos,
nuestros Successores Reyes , Principes y Herederos
y derecho havientes , sinceramente y de buena fee

de guardarle, obſervarle y cumplirle inviolable y
puntualmente, ſegun ſu forma y tenor, y hazarle
guardar, obſervar y cumplir de la miſma manera,
como ſi Nos en propria perſona le ubieſſemos tratado, ſin hazer, ny conſentir en ninguna manera ſe
haga coſa en contrario directa ny indirectamente
de qualquier modo que pueda ſer; y en caſo de
hazerſe en alguna manera contravencion a el, las
manderemos reparar y reſtaurar, ſin dilacion ó di-
ficultad alguna. En fee de lo qual, mandamos
dar las Preſentes firmadas de nueſtra mano, ſella-
das con nueſtro Real Sello, & refrendadas de nueſtro infraſcripto Secretario de Eſtado. Dadas en
Madrid a unze de Marzo de mil ſeiſcientos y ſeſ-
ſenta y cinco.

Firmado, YO EL REY.

Y mas abaxo, DON BLASCO DE LOYOLA.

Y ſellado con el Sello Real de
   Su Mageſtad.

TENEUR

DU PLEIN POUVOIR

mentionné dans le Traité cy-devant, donné à son Excellence par Sa Majesté.

DON PHELIPE, por la gracia de Dios, Rey de Castilla, de Leon, de Arragon, de las dos Sicilias, de Jerusalem, de Portugal, de Navarra, de Granada, de Toledo, de Valencia, de Galicia, de Mallorca, de Sevilla, de Cerdenna, de Cordoüa, de Corçega, de Murcia, de Jaën, de los Algarves, de Algezira, de Gibraltar, de las Islas de Canaria, de las Indias Orientales y Occidentales, Islas y Tierra firme del Mar Oceano, Archiduque de Austria, Duque de Borgonna, de Brabante y de Milan, Conde de Habspurg, Flandes, Tirol y Barcelona, Sennor de Biscaya y de Molina, &c. Por quanto haviendo embiado al Marques de Yennes Governador de mi Condado de Borgonna, en cinco de Noviembre de el anno pasado la Ratificacion de el juramento que hizo en mi nombre

ala Ciudad de Befanzon, quando tomó la pofeffion
de ella, y efcrito defpues fe offecian algunas dificultades fobre el efeto de efto materia, por cuya
razon fe hallava fufpendida ; y conviniendo a mi
fervicio no dilatarla mas, y que reciban aquellos
mis buenos Vafallos la fatisfaccion y confuelo que
deven efperar de el amor que les tengo, he tenido
por bien de dar poder perfonal, como en virtud
de la Prefente le doy a Don Francifco de Moura
Marques de Caftel-Rodrigo, Gentilhombre de mi
Camara, y mi Governador y Capitan General de
mis Payfes Bajos de Flandes, para que en mi nombre y reprefentando mi propria perfona ajufte,
trate y concluya enteramente en conformidad de
mis ordenes, & de la conceffion del Sereniffimo
Emperador Ferdinando tercero, las dificultades
que fe ofreçen en razon de poner corriente la pofeffion de la dicha Ciudad de Befanzon, haçiendo
todo aquello que yo mifmo haria y hazer podria
aunque fea de tal calidad que requiera otro mas
efpecial poder y comiffion, y obligarme a mi al
complimiento de ello. Por tanto declaro, y doy
mi fee y palabra Real que todo lo que fuere hecho
tratado y concertado por el dicho Marques de
Caftel-Rodrigo con los Magiftrados Ciudadanos y
Vecinos de Befanzon defde aora para entonçes la
alabo, confiento, ratifico y apruebo, y lo tengo y
tendré por bueno en todo tiempo, fegun la forma
en que lo concluyere y afentare, y me obligo a eftar,
y pafor por ello como cofa hecha en mi nombre,
y por mi voluntad y autoridad Real, y lo cumplir
puntualmente, y affi mifmo me obligo a que apro-
bare, y ratificare en efpecial forma con las folem-

nidades, y requifitos neceffarios todo lo que en virtud de effe poder y comiffion perfonal fe concluyere y afentare en orden a lo referido, para que
fea valido, eftableçido aora y en todo tiempo, y para
firmeza de ello mandé defpachar la Prefente firmada
de mi mano, fellada con mi Sello Real, y refren-
dada de mi infrafcripto Secretario de Eftado. Dada
en Madrid a veinte y uno du Julio de mil y feifcientos y feffenta y quatro annos.

Firmado en el Original, YO EL REY.

Y mas abaxo, DON BLASCO DE LOYOLA.

*Y fellado con el Sello Real de
Su Mageftad.*

LETTRE DE SA MAJESTÉ
à ceux de ladite Cité, touchant le precedent Traité.

E L   R E Y.

HAROS y bien amados. Por vueſtra Carta de 9. de Octubre del anno paſado de 1664. que puſo en mis Reales Manos el Marques de Caſtel-Rodrigo, he viſto la expreſion que hazeis de vueſtro afecto a mi Real Servicio, y la confirmacion de el juramento de omenaje y fidelidad, que hiziſteis en ſus manos. Quedo con el contentamiento que es juſto, aſſi por el acierto, con que ha obrado en mi nombre el Marques ſegun referis, removiendo los embarazos y dificultades que retardavan la toma de la poſeſſion de eſa Ciudad, como por la ſatisfaccion general, que los moradores de ella han ſetido en ſu prudente modo de proceder, el qual ſiendo muy conforme a mi intencion, y al apreçio grande que hago de haver aſentado joia tan eſtimable, entre las demas, que adornan el ſplendor de mi Real Corona, experimentareis en beneficio vueſtro los efectos de mi voluntad, y del amor paternal, con que cuidàre de vueſtro mayor bien y conveniencias. Entre tanto he ratificado con mucho guſto, todo lo que ha tratado con voſotros el Marques, como lo vereis por la Ratificacion del miſmo tratado que he mandado ſe os entregue. Con tanto charos y bien amados, rogamos a Dios os tenga en ſu ſanta guarda. De Madrid a 28. Febrero de 1665.

Firmado en el Original, YO EL REY.

T mas abaxo, DON BLASCO DE LOYOLA.

La ſuperſcripcion. A los Governadores, Anciános Governadores, Veinte y ocho, Quarenta y dos Notables y Ciudadanos, que componen la Comunidad de mi Ciudad de Beſanzon.

TRAITÉ

FAIT entre son Excellence Monseigneur le Marquis de CASTEL-RODRIGO, *comme Plenipotentiaire de Sa Majesté d'une part,* & LA CITÉ IMPERIALE DE BESANÇON *d'autre, traduit d'Espagnol en Langue Françoise.*

HILIPPE par la grace de Dieu, Roy de Castille, de Leon, d'Arragon, des deux Siciles, de Jerusalem, de Portugal, de Navarre, de Grenade, de Tolede, de Valence, de Galice, de Majorque, de Seville, de Sardaigne, de Cordouë, de Corsique, de Murcie, de Jaën, des Algarbes, d'Algezire, de Gibraltar, des Isles de Canarie, des Indes Orientales & Occidentales, Isles

& Terre ferme de la Mer Occeane, Archiduc d'Auſtriche, Duc de Bourgogne, de Brabant & Milan, Comte de Habſpurg, Flandres, Tirol & Barcelonne, Seigneur de Bilcaye & de Maline, *&c.* Sçavoir faiſons, que comme ainſi ſoit, que pour contribuer de nôtre part au repos du Saint Empire Romain, moyennant le rétabliſſement de la Paix generale d'Allemagne, Nous nous ſerions volontairement démis & relâchés de la Ville de Frankendal au Palatinat, acquiſe cy-devant par nos glorieuſes Armes, en troc de la Ville de Beſançon, Cité Imperiale, libre, ſituée en nôtre Comté de Bourgogne, pour accompliſſement de quoy le Sereniſſime Empereur Ferdinand III. du commun conſentement des Electeurs, Princes & Etats dudit Empire, a cedé & transferé à nôtre Royale Perſonne & Couronne, & à celle de nos Succeſſeurs en Icelle, ladite Cité de Beſançon, comme il en conſte par la Tranſaction Imperiale faite à Ratisbonne le dix-ſeptiéme de May mil ſix cens cinquante-quatre. Et comme il convient à nôtre ſervice & au bien commun des Habitans de ladite Cité de Beſançon paſſer à l'acte de priſe de poſſeſſion d'Icelle: Nous avons jugé à propos, pour montrer à iceux nos bons Vaſſaux le grand amour que Nous leur portons, & la ſatisfaction que Nous avons reçû de ce qu'ils ſont entrés ſous la Juriſdiction & Domaine de nôtre Royale Couronne, de donner pleine puiſſance & pouvoir perſonnel à Don François de Moura & Cortereal, Marquis de Caſtel-Rodrigo, Gentilhomme de nôtre Chambre, de nôtre Conſeil d'Etat, & nôtre Gouverneur & Capitaine General de nos Païs Bas; afin qu'en nôtre Royal Nom & repreſentant nôtre

propre Perſonne, il ajuſte, traite & concluë entierement en conformité de nos Ordres, & de la Conceſſion du Sereniſſime Empereur Ferdinand troiſiéme, les difficultés qui pouvoient ſe rencontrer au
ſujet de la priſe de poſſeſſion de ladite Cité de Beſançon, faiſant tout ce que Nous ferions & faire
pourrions, encore qu'il fût de telle qualité, qu'il
requiert autre Pouvoir & Commiſſion plus ſpeciaux,
& Nous obliger & nos Succeſſeurs & ayans droits
à l'accompliſſement du tout, & afin qu'enſuite il
paſſàt à prendre la poſſeſſion d'icelle. En conformité
de quoy ledit Marquis de Caſtel-Rodrigo s'étant
tranſporté en ladite Cité de Beſançon avec les ſuſd.
pleines Puiſſances & Pouvoirs, & ayant conferé,
traité, convenu & ajuſté en nôtre Royal Nom,
tant pour Nous, comme pour nos Succeſſeurs &
ayans droits, avec les Gouverneurs, anciens Gouverneurs, Vingt-huit, Quarante-deux Notables &
Citoyens, tant pour Eux, comme pour leurs Succeſſeurs, pour parvenir à l'exécution de la priſe de
poſſeſſion de ladite Cité, le Traité ſuivant qui va in-
feré de parole à autre, traduit de la Langue Fran-
çoiſe en Eſpagnole. COMME il ſoit que des pluſieurs Siecles la Cité de Beſançon auroit dépendu
immediatement du Saint Empire Romain, comme
Cité Imperiale libre, juſqu'à ce que l'invincible
Empereur Ferdinand troiſiéme de glorieuſe memoire, pour concourir au bien general de la Paix de
l'Empire, auroit du conſentement de tous les Etats
convoqués à la Diete de Ratisbonne, transferé &
cedé ladite Cité à Sa Majeſté Catholique Philippe
quatriéme Roy des Eſpagnes à preſent regnant,
que Dieu garde, en échange de la Fortereſſe de

Frankendal occupée par ses Armes dans le Palatinat,
comme par le Diplome du dix-septiéme May mil
six cens cinquante-quatre, sous la reserve toutefois de tous Droits & Privileges competans à ladite
Cité de Besançon , expressément portés par ledit
Diplome, & confirmés par Lettre de l'invincible
Empereur Leopold à present regnant , en date à
Vienne du quatriéme de Novembre mil six cens
soixante ; & que du depuis Sa Majesté Catholique
ait fait sçavoir à ladite Cité son intention & volonté
être , de proceder à l'exécution dudit transport &
échange ; à quoy elle auroit volontiers condescendu,
s'estimant heureuse de passer sous la glorieuse Domination d'un si grand & puissant Monarque, qu'elle
auroit même choisi cy-devant pour son Protecteur,
particulierement lorsqu'elle a sçû , que la commission d'en prendre la possession , & exécuter entierement à ce regard ledit Echange, en avoit été donnée
par Sa Majesté à son Excellence Monseigneur Don
François de Moura & Cortereal, Marquis de Castel-
Rodrigo , Comte de Lumiares, Seigneur de Terre-
neuve , Gouverneur & Capitaine general hereditaire & perpetuel des Isles de Tercere, saint George,
Fayal & Pico , Grand Commandeur de l'Ordre de
Christo, du Conseil d'Etat de Sa Majesté , Gentilhomme de sa Chambre , Gouverneur & Capitaine
General de ses Païs-Bas & Bourgogne ; & que c'étoit
avec un ample & plein pouvoir de confirmer &
conserver tous les Droits & Privileges competans
à ladite Cité, & dont elle auroit joüi, tant en vertu des Diplomes Imperiaux , que de ses anciens
droits & libertés , même d'en traiter, transiger, &
accorder, soit en tout, soit en partie , comme il

trouveroit convenir , tant pour le Service de Sa
Majesté , que pour le bien & repos de ladite Cité,
& de toute la Province de Bourgogne où elle est
située. Pour ce est-il , que s'étant ledit Seigneur
Marquis transporté en ladite Cité de Besançon avec
le susdit Pouvoir de Sa Majesté, en date à Madrid
du vingt-uniéme Juillet de l'an courant mil six cens
soixante-quatre , signé de sa Royale Main , scellé de
son Scel , & contresigné de Don Blasco de Loyola
Secretaire d'Etat , qui demeurera en Original joint
aux Presentes au nom de sadite Majesté , tant pour
Elle que ses Successeurs & ayans cause d'une part,
& les Sieurs Gouverneurs , anciens Gouverneurs ,
Vingt-huit , Quarante deux Notables & Citoyens,
pour Eux aussi leurs Successeurs & ayans cause
d'autre , ont traité , convenu & accordé pour l'exécution dudit Echange, comme s'ensuit. Sçavoir ,
que tous les Droits , Libertés , Privileges , Preroga-
tives, Immunités, Franchises, Coûtumes & Usances
de ladite Cité luy seront conservés sans aucune alteration , comme elle en a joüi du passé , & en joüit
encore presentement , ainsi qu'ils sont contenus &
déclarés és Diplomes des Empereurs Charles IV.
Venceslas , Sigismond , Frederic, Maximilian premier, Charles V. Ferdinand premier , Maximilan II.
Rodolphe II. Mathias , Ferdinand II. & Ferdinand
III. dont les Originaux ont été vûs par son Excellence ledit Seigneur Marquis de Castel-Rodrigo ,
qui les a reconnu & avoüé au nom de sadite Majesté, ses Successeurs & ayans droit , & promis en
leurs Noms, comme il promet par cette, de les garder & conserver à jamais & perpetuellement, sans
aucune alteration, sous la Parole Royale & Serment

de ſadite Majeſté (à reſerve de ceux dont ſera traité cy-aprés) les tenans icy pour ſpecifiquement & judiciellement exprimés, tels qu'ils ſont déclarés & deſignés dans les Cahiers & Doubles autentiques qui en demeureront cy-joints ; même & par exprés en vertu du même pouvoir , & en tant que de beſoin, ledit Seigneur audit Nom a déclaré & déclare , que ladite Cité de Beſançon dépendra deſormais immediatement de la Royale Perſonne de Sa Majeſté , & de celle de ſes Succeſſeurs, ſans qu'Elle ſoit obligée de s'adreſſer aux Gouverneurs, Miniſtres & Conſeil des Païs-Bas, ou Comté de Bourgogne , ny autre part pour recours en ſes prétentions, ſinon directement & immediatement à la Royale Perſonne de Sa Majeſté , comme elle faiſoit cy-devant à celle des ſacrés Empereurs, lorſqu'elle étoit ſous leur domination. Que la forme du Gouvernement & Juriſdiction qu'elle a poſſedé & poſſede à preſent, ſera continuée cy-aprés, à reſerve toutefois de ce qui ſuit au regard de lad. Juriſdiction. Que ladite Cité ne pourra être alienée ny transferée par Sa Majeſté , ſes Succeſſeurs ou ayans droit, pour quelque Cauſe que ce ſoit, hors de ſa Domination, ſans l'exprés conſentement des Citoyens dudit Beſançon, ſelon que du paſſé elle ne le pouvoit être hors du Domaine de l'Empire, & ce en conſideration de ce qu'ils ont apporté & apportent leur conſentement au tranſport qui en a été fait à Sa Majeſté en vertu dudit Echange, quoyque fait à leur inſçû. Et comme parmi leſdits Droits & Privileges competans à ladite Cité, elle avoit cy-devant ceux de choiſir un Protecteur , & faire telle Alliance qu'elle jugeoit convenir pour ſa ſûreté,

dont elle avoit joüi jufques à prefent fans contredit, comme par les Contrats faits fur ce fujet, tant
avec Sa Majefté à prefent regnante, que fes auguftes
Predeceffeurs & autres ; defquels Droits de Protection & Alliance fadite Majefté auroit témoigné convenir à fon Royal Service, & defiré de traiter avec
ladite Cité : lefdits Citoyens pour montrer leur
prompte foûmiffion & obéiffance à Sa Majefté, &
le defir qu'ils ont de luy complaire en tout en en-
trans fous fon heureufe Domination, comme ils
veulent faire cy aprés, fe font volontairement dé-
poüillés & départis defdits Droits de choifir un
Protecteur, & faire telle Alliance que bon leur fem-
bleroit ; avec promeffe de n'en faire aucune, ny
choifir aucun Protecteur dorefnavant fans l'ordre
exprés & commandement de Sa Majefté ou fes
Succeffeurs, moyennant toutefois les chofes &
conditions cy-aprés déclarées, & promifes à ladite
Cité de la part de fadite Majefté par ledit Seigneur
Marquis fon Plenipotentiaire, & l'entier effet d'icelles, & non autrement. Sçavoir, que pour le plus
grand luftre & fplendeur de ladite Cité il extendroit,
comme il extend par cette fon ancien Territoire,
en y adjoignant les Villages cy-aprés dénommés,
avec leurs Territoires & dépendances, pour être
incorporés à l'ancien de ladite Cité, & dépendre de
la totale Jurifdiction du Magiftrat d'Icelle, fous referve toutefois des Juftices appartenantes aux Vaffaux & Sujets feodaux de Sa Majefté, lefquelles leur
feront confervées pour en ufer comme du paffé :
bien entendu néanmoins, que les Appellations qui
en feront émifes, reffortiront audit Magiftrat, ainfi
qu'elles faifoient precedemment aux Lieutenans

des Baillifs. Sçavoir, Beure, Larnodz, Aveney, Busy, Pugey, Arguel, Fontain, Vorges, Boussiere sur le Doubs, Rançenay, Offelle, Morre, les deux Sônes, Genne, Montfaulcon, le grand Verre, Nancray, Mamirole, Tarcenay, Montron, Villers, Merey, Espeugney, Courcelote, Arcier, Chaleze, Trepot, Fertans, Cleron, Maiziere sur la Louë, Scey sur la Louë, Amondans, Cademenne, Malbran, Rurey, Foucherans, Nazey, l'Hôpital du gros bois, Dampmartin, Bouclans, Glamondans, Ambre, Offe, Vauchans, les trois Oigney, Vaitte & Champlive, Gonffans & la Grange de Vieney, Deluz, Amagney & la Malemaison, le petit Verre, Novillars, Chalezeule, Roche, Marchaut, Talenay, Braillan, Champoux, Vielley, Merey, Bonnay, Devecey, Chevroz, Efchole, Thife, Pirey, Miferey, Poüilley-les-vignes, Serre, Frafnoy, Chemaudain, Avanne, Champagney, Vaulx, Champvans, Mazirole, Audeux, Pelouzey, Chaucenne, Geneüille, Noironte, Placey, Frafney, Cordiron, Recologne, Moncley, Elmagny, Chevigney, Ruffey, Poüilley François, les deux Auxons, Cuffey, Villers-Bufon, Corcondray, Vregille, Dannemarie, Thurey, Moncey & Lavernay, avec les Granges du Liege, du Croc & Valentin, aufquels Villages, Sujets, Territoires & dépendances (qui demeureront fous la totale Juftice, Direction & Autorité dudit Magiftrat) fera adminiftrée la Juftice felon les Coûtumes, Ordonnances & Edits du Comté de Bourgogne faits jufqu'à prefent, mais non pas felon ceux qui fe feront cy-aprés, aufquels ledit Magiftrat ne fera tenu de fe conformer, fi ce n'eft que ledit Magiftrat trouve à propos d'en faire de pareils, ou qu'il luy vienne ordre exprés & immediat

diat de Sa Majeſté de les faire au regard defdits nouveaux Sujets, leſquels pourront appeller de toutes Sentences qui ſont appellables de droit, tant en matieres criminelles, civiles, que fiſcales; pourvû toutefois que la ſomme dont il s'agira en matieres civiles & fiſcales, excede celle de cinquante livres (les dépens non compris) & non au-deſſous, n'étoit qu'il en ſurvint des inconveniens, qui obligeaſſenr Sa Majeſté à régler à une autre ſomme celle cy-deſſus, qui toutefois ne pourra être moindre de vingt livres; pourvû auſſi que la fiſcale ne procede point de Cauſes concernans la Police, ou les Edits politiques, deſquels Police & Edits politiques ledit Magiſtrat jugera ſans appel. Et afin de pourvoir pour le bien de la Juſtice & ſoulagement defdits Sujets au vuidange defdites Cauſes appellatoires, leſdits Citoyens ont conſenti & conſentent, que ſadite Majeſté établiſſe en ladite Cité cinq Juges qui en connoîtront en dernier reſſort, leſquels devront être originels Citoyens, ou Citoyens dés trente ans de réſidence, Perſonnes Laïcs & Gradués, qui pendant leurs fonctions de Juges feront obligés de reſider en la Cité, pour y adminiſtrer la plus prompte Juſtice qu'il ſe pourra; & ne feront continués en cet employ, que pendant le tems de deux ans, au bout defquels ils devront demeurer au moins un an, aprés avoir été changés, ſans ledit Employ; & comme il pourroit arriver, que par le decés d'aucun d'iceux, parentage ou autres cauſes, le nombre defdits cinq Juges ne ſe trouveroit complet; il ſera permis à ceux qui reſteront d'en choiſir des autres non ſuſpects par commiſſion, juſques à ce que Sa Majeſté y ait pourvû, laquelle

S

aura la bonté de leur affigner des Gages & Honorai-
res convenables, & pourvoira auffi à la Charge de
Greffier defdites Caufes appellatoires, qui fera Citoyen comme les Juges, & les amendes provenan-
tes des frivols appels cederont au profit de Sa Majefté; & au cas lefdits Juges d'appel confirmeroient
les Sentences dudit Magiftrat, ils luy en renvoye-
ront l'exécution, felon qu'il eft de Droit & de Coûtume, jugeant en toutes lefdites matieres appellatoires, comme delégués immediatement de Sa Majefté.   Et quant aux Citoyens & anciens Sujets de
ladite Cité, qui feront jugés par ledit Magiftrat,
ils pourront fe pourvoir en feconde Inftance par-
devant lefdits cinq Juges en matieres civiles feulement, qui excederont la fomme de deux cens frans
(les dépens non compris) & non au-deffous ; mais
ne pourront appeller des matieres criminelles & fifcales, ny de Police, dont la totale adminiftration &
Juftice en dernier reffort demeurera comme du
paffé au Magiftrat au regard defdits Citoyens, anciens Sujets & delinquans dans la Cité, Banlieuë &
Territoire d'icelle.   En même confideration du re-
lâche defdits droits de Protection & d'Alliance, fadite Majefté par fadite Excellence fon Plenipotentiaire accorde aux Citoyens de Befançon réfidens
actuellement en ladite Cité le droit d'Evocation
par-devant lefdits Gouverneurs en premiere Inftance, en toutes actions purement perfonnelles,
foit refultantes de Contrats, Inftrumens, Titres ou
autrement, qu'ils auront & pourront avoir contre
ceux du Comté de Bourgogne, fous la même faculté d'appeller comme il eft permis par - devant
lefdits cinq Juges, qui en connoîtront en dernier

reſſort : & de plus en toutes Cauſes & actions per-
ſonnelles, réelles, mixtes & hypotecaires, que leſdits Citoyens auront contre les Sujets de Sa Majeſté du Comté de Bourgogne ; leſdits Citoyens
auront le droit d'Evocation à ſon Parlement dudit
Comté, pour en uſer en la même ſorte que toutes
autres Perſonnes privilegiées, qui ont le même
Droit : ſad. Excellence déclarant par cettes au nom
de ſadite Majeſté, que toutes Sentences qui ſeront
renduës par le Magiſtrat de ladite Cité, de même
que par leſdits cinq Juges de matieres appellatoires,
porteront exécution & ſeront exécutées riére le
Païs & Comté de Bourgogne, ſans autres formalités de Juſtice ny clauſes requiſitoires, ſous offre
faite & conſentement donné reciproquement par
leſdits Citoyens, d'exécuter riére ladite Cité, Banlieuë & Territoire d'icelle, tant nouveau qu'ancien,
celles de la Cour de Parlement, Lieutenans & autres Juges dudit Comté. Pour mêmes conſidera-
tions, & afin de pourvoir au bien de ladite Cité, ſadite Majeſté a promis & promet par ſadite Excellence d'y ériger & établir une Univerſité à l'égal &
de même façon que celle de Dole, dont les Pro-
feſſeurs en toutes Facultés, Diſtributeurs & autres
Suppôts ſeront pourvûs & gagés perpetuellement
par ſadite Majeſté & ſes Succeſſeurs, & ce dans un
an prochain au plûtard ; eut égard même que ladite
Cité avoit déja le Droit d'en établir une, par les
Bulles des Souverains Pontifes & Diplomes des ſacrés Empereurs, nommément de l'invincible Empereur Ferdinand premier, en date à Vienne du
quinziéme Janvier mil cinq cens ſoixante-quatre,
vûs par ſadite Excellence. Et comme il ne ſeroit

raifonnable que l'extenfion du Territoire accordé
à ladite Cité, fût de préjudice au furplus de la Province, au regard des Impofitions qui fe feront pour
dons gratuits, & utilité commune d'icelle ; il a été
convenu que les Sujets transferés à ladite Cité en
payeront leurs affierts & contingens à proportion
du nombre defdits Villages, & pour la part qu'ils
compofent de ladite Province, felon que telle part
& quotité pourra être reconnuë & arrêtée pour
une fois par fadite Excellence & les Commis de la
Cité : bien entendu que l'Impofition & Reparte-
ment fur lefdits Villages nouvellement transferés à
lad. Cité fera fait par le Magiftrat ordinaire d'icelle,
fur Lettres de Sa Majefté audit Magiftrat, ou Lettres d'avis des Etats, fans toutefois que ladite Cité,
ny les anciens Sujets & Territoire d'icelle, puiffent
jamais être compris dans lefdites Impofitions &
Repartemens. Et finalement fadite Excellence au
nom prédit, a promis & promet de, au plûtôt que
faire fe pourra, traiter avec ceux qu'il convient,
pour acquerir les Droits des Juftices de Regalie,
Vicomté & Mairie, & autres fubalternes qui font
riére ladite Cité, pour les fupprimer ; à ce que la
feule de Sa Majefté refte en ladite Cité, & foit exer-
cée par le Magiftrat, dés auffi-tôt qu'elle ou aucunes d'icelles feront acquifes. Comme auffi par
tout le contenu au prefent Traité, celuy de Gardienneté, qui étoit entre Sa Majefté & ladite Cité,
demeure entierement refolu: fadite Excellence au
nom prédit a déclaré, comme Elle déclare, ladite
Cité quitte & déchargée pour l'avenir de tout ce
qu'Elle étoit obligée de payer à Sa Majefté à ce regard ; même pour faire reffentir dés-à-prefent à la-

dite Cité des effets de la munificence Royale, &
bonté paternelle de Sa Majesté, Elle a quitté & remis liberalement de grace speciale & de son propre
mouvement à ladite Cité, comme Elle remet par
cette, tout ce que la Cité doit ou peut devoir du
passé à sadite Majesté au sujet dudit Traité de Gardienneté, sans qu'Elle en puisse être recherchée ny
inquietée cy-aprés à quel sujet & pretexte que ce
soit. Et moyennant l'entier accomplissement de
tout ce que dessus, & la joüissance de tous les autres Droits competans & appartenans à ladite Cité,
selon qu'Elle en a joüi du passé & joüit encore presentement, que sadite Excellence a confirmé &
confirme au nom de sadite Majesté & de ses Successeurs, sous promesse de luy faire ratifier tout le
contenu au present Traité, sous toutes clauses re-
quises & necessaires dans le terme de six mois pro-
chains : lesdits Gouverneurs, anciens Gouverneurs,
Vingt-huit, Quarante-deux Notables & Citoyens
assemblés en l'Hôtel Consistorial au son de la Cloche,
& maniere accoûtumée pour traiter les affaires publiques, representans & faisans la majeure part du
Peuple & Communauté de ladite Cité, tant en leurs
noms propres, que de tous les autres Citoyens absens, leurs Successeurs & ayans cause, ont apporté
leur consentement, & donné effet & exécution entiere à la cession faite à Sa Majesté de ladite Cité,
Banlieuë & Territoire d'icelle, en se soûmettans à
sa glorieuse & heureuse Domination, par le serment
d'hommage & fidélité qu'ils luy ont prêté effecti-
vement passant cette entre les mains de sadite Excellence son Plenipotentiaire, & specialement Député :
bien entendu que l'effet dudit serment demeurera

furſis juſqu'à ladite Ratification ; & à défaut d'icelle, ou au cas l'une ou l'autre des Parties, ou leurs Succeſſeurs & ayans cauſe, par ſoy ou par autruy viendroit à contrevenir, directement ou indirectement, en tout ou en partie, en quel tems que ce ſoit, au contenu du preſent Traité ; chacune d'icelles rentrera dans ſes Droits, même Sa Majeſté particulierement dans ceux qui luy ſont acquis par la ceſſion à luy faite par l'Empereur & l'Empire. Promettans leſdites Parties auſdits noms & qualités avoir tout ce que deſſus pour ferme, ſtable & agréable, dûë ſtipulation de part & d'autre entrevenuë, & n'y contrevenir en quelle façon, ny en quel tems que ce ſoit, tant par Eux, que leurs Succeſſeurs & ayans cauſe : Ordonnant ſadite Excellence de la part de Sa Majeſté, que leſdits Gouverneurs, Magiſtrat & Communauté de ladite Cité de Beſançon joüiſſent de tous & ſinguliers leſdits Droits, Graces, Privileges, Franchiſes, Libertés, Obſervances & Coûtumes, ſelon qu'ils ont fait cy-devant ſous la Domination du ſaint Empire, (hors de ceux dont eſt traité cydeſſus) de-même que de tout le contenu au preſent Traité ; défendant & prohibant de la part de ſadite Majeſté à tous, de quel état & condition qu'ils ſoient, de les troubler & empêcher en la libre joüiſſance du tout, tant au regard des Droits proprietaires que poſſeſſoires, à peine d'encourir ſon indignation & autres arbitraires. Ayant ſadite Excellence pour plus grande aſſûrance du tout, prêté ſerment au nom de Sa Majeſté d'en obſerver le contenu ; renonçans leſdites Parties reſpectivement à toutes exceptions aux Preſentes contraires, même au Droit diſant, que generale renonciation ne vaut,

ſi la ſpeciale ne precede. En foy de quoy ſadite
Excellence a ſouſſigné les Preſentes de ſa propre
main, & les a fait contreſigner par Dom Alexandre
Veltz de Parraga Secretaire de Sa Majeſté, & de ſadite Excellence, ſceler du Scel de ſadite Excellence,
& reſpectivement Elles ont été ſouſſignées au nom
du Peuple & Communauté de ladite Cité par Jean-
Antoine Tinſeau, Docteur és Droits, Secretaire
d'Etat de ladite Cité,& ſcelées du grand Scel d'icelle.
Faites & paſſées en ladite Cité & Hôtel Conſiſto-
rial ſuſdit, environ les dix heures avant midy du
vingt-neuviéme jour du mois de Septembre de l'an
mil ſix cens ſoixante-quatre: preſens à ce,Illuſtriſſime
Seigneur Meſſire Philippe de la Baume, Marquis
d'Yennes, Gouverneur du Comté de Bourgogne,
Illuſtres Seigneurs Jean-Charles de Wateville, Marquis de Conflans, Baillif d'Amont, Jean - Gabriël
de Grammont, Baron de Fallon, Baillif de Dole,
& pluſieurs autres Seigneurs, tant Eccleſiaſtiques
que Laïcs ſuivans ſadite Excellence, Témoins requis. *Signé ſur l'Original*, El Marquis de Caſtel-
Rodrigo, Le Marquis d'Yennes, Le Marquis de
Conflans, J. G. de Grammont, Don Alexandre
Veltz de Parraga, & J. A. Tinſeau. *Et ſcelé du Scel*
de ſadite Excellence, & du grand de ladite Cité. Lequel
Traité cy devant inſeré, ainſi convenu & conclut
par le Marquis de Caſtel-Rodrigo en vertu de nôtre
pleine Puiſſance & Pouvoir, en nôtre Nom & celuy de nos Succeſſeurs & ayans droits, d'une part,
& par les Gouverneurs, anciens Gouverneurs,
Vingt-huit, Quarante-deux Notables & Citoyens
de Beſançon, par Eux, leurs Succeſſeurs & ayans
cauſe, d'autre; Nous ayant été preſenté, & aprés

l'avoir tout vû & bien examiné de mot à autre.
NOUS pour Nous, nos Héritiers & Succeſſeurs,
& ayans droits, l'avons reçû pour bon, ferme &
valable, & recevons, agréons, alloüons, approu-
vons & ratifions par la Preſente le contenu en iceluy, tant en general comme en chaque partie d'iceluy. Promettant en foy & parole de Roy & Prince,
pour Nous, nos Succeſſeurs Roys, Princes & Héritiers & ayans droits, ſincerement & en bonne foy
de le garder, obſerver & accomplir inviolablement
ſelon ſa forme & teneur, & le faire garder, obſerver & accomplir de la même façon, comme ſi Nous
en propre Perſonne l'avions traité, ſans faire ny conſentir en aucune façon que rien ſe faſſe au contraire
directement ny indirectement, en quelle maniere
que ce puiſſe être ; & au cas il s'y feroit en quelque
façon contravention, Nous ordonnerons ſans delay
ny difficulté aucune de la reparer & rétablir.   En
foy de quoy Nous avons ordonné les Preſentes ſi-
gnées de nôtre Main, ſcelées de nôtre Royal Scel,
& contreſignées de nôtre Secretaire d'Eſtat ſouſcrit.
Données à Madrid l'onziéme de Mars mil ſix cens
ſoixante-cinq.

Signé ſur l'Original, YO EL REY.

Et plus bas, DON BLASCO DE LOYOLA.

Et ſcelées du Scel Royal
de Sa Majeſté.

TENEUR

TENEUR

DU PLEIN POUVOIR

mentionné dans le Traité cy-devant, donné à ſadite Excellence par Sa Majeſté, traduit d'Eſpagnol en François.

PHILIPPE par la grace de Dieu, Roy de Caſtille, de Leon, d'Arragon, des deux Siciles, de Jeruſalem, de Portugal, de Navarre, de Grenade, de Tolede, de Valence, de Galice, de Majorque, de Seville, de Sardaigne, de Cordouë, de Corſique, de Murcie, de Jaën, des Algarbes, d'Algezire, de Gibraltar, des Iſles de Canarie, des Indes Orientales & Occidentales, Iſles & Terre ferme de la Mer Occeane, Archiduc d'Auſtriche, Duc de Bourgogne, de Brabant & Milan, Comte de Habſpurg, Flandres, Tirol & Barcelonne, Seigneur de Biſcaye & de Maline, &c. Comme j'aurois envoyé au Marquis d'Yennes, Gouverneur de mon Comté de Bourgogne, le cinq de Novembre de l'an paſſé, la Ratification du ſerment qu'il prêta en mon Nom de la Cité de Beſançon,

T

quand il prit la poffeſſion d'icelle ; & que depuis il Nous a écrit, qu'il s'y preſentoit quelque difficulté au fait de cette matiere, à raiſon de quoy elle ſe trouvoit ſuſpenduë ; & étant convenable à mon Service de ne la pas differer davantage, & que ces bons miens Vaſſaux reçoivent la ſatisfaction & la conſolation qu'ils doivent eſperer de l'amour que je leur porte : J'ay trouvé à propos de donner pouvoir perſonnel, comme en vertu de la Preſente je le donne à Don François de Moura, Marquis de Caſtel-Rodrigo, Gentilhomme de ma Chambre, & mon Gouverneur & Capitaine General de mes Païs Bas de Flandres ; afin qu'en mon Nom & repreſentant ma propre Perſonne, il ajuſte, traite & concluë entierement en conformité de mes Ordres, & de la conceſſion du Sereniſſime Empereur Ferdinand III. les difficultés qui ſe rencontrent, pour donner effet à la poſſeſſion de la Cité de Beſançon, faiſant tout ce que Moy-même ferois, ou pourrois faire, encore qu'il ſoit de telle qualité, qu'un autre Pouvoir & Commiſſion plus ſpeciale y ſeroit requiſe, & de m'obliger Moy-même à ſon accompliſſement. C'eſt pourquoy je déclare, & donne ma Foy & Parole Royale, que tout ce qui ſera fait, traité & accordé par ledit Marquis de Caſtel-Rodrigo, avec les Magiſtrat, Citoyens & Habitans de Beſançon, dés-à-preſent comme pour lors, je l'agrée, ratifie, approuve & y donne mon conſentement, & le tiens & tiendray pour bon à toûjours, ſelon la forme qu'il le conclura & arrêtera ; & m'oblige d'y eſter & l'accomplir comme à choſe faite en mon Nom, & de ma Volonté & Autorité Royale, & l'accompliray ponctuellement. Je m'engage auſſi d'approuver

& ratifier en forme speciale, avec les folemnités &
conditions requifes & neceffaires, tout ce qu'en
vertu de ce Pouvoir & Commiffion perfonnelle fera
conclu & arrêté touchant ce que deffus ; afin qu'il
foit ferme & ftable dés maintenant & à toûjours:
en confirmation de quoy j'ay fais dépêcher la Prefente, fignée de ma main, & fcelée de mon Scel
Royal, & contrefignée de mon Secretaire d'Eftat
foufcrit. Donné à Madrid le vingt-un de Juillet
de l'an mil fix cens foixante-quatre.

Signé fur l'Original, YO EL REY.

Et plus bas, DON BLASCO DE LOYOLA.

Et fcelé du Scel Royal
de Sa Majefté.

TRADUCTION

DE LA LETTRE
de Sa Majesté, écrite au Magistrat de la Cité de Besançon.

LE ROY.

CHERS & bien aimés. Par vôtre Lettre du neuf Octobre de l'an passé mil six cens soixante - quatre que le Marquis de Castel - Rodrigo a remis en mes Mains Royales, j'ay vû l'expression que vous faites de vôtre affection à mon Royal Service, & la confirmation du Serment d'hommage & fidélité que vous avés donné en ses mains. De quoy je demeure avec le contentement qui est raisonnable, pour le bon effet avec lequel le Marquis a operé en mon Nom, comme vous me le representés, éloignant tous les embarras & difficultés qui retardoient la prise de possession de cette Cité; comme aussi pour la satisfaction generale qu'ont reçû ceux qui y demeurent de sa prudente maniere de proceder, laquelle étant

trés-conforme à mon Intention , & à la grande eftime que je fais d'avoir colloqué un Joyaux fi efti-
mable parmy les autres qui ornent l'éclat de ma
Couronne Royale , vous experimenterés à vôtre
avantage les effets de ma Volonté, & de l'Amour
Paternel, avec lequel j'auray foin de vôtre plus grand
bien & de vos convenances.   Cependant j'ay ratifié avec grand plaifir tout ce que le Marquis a traité
avec vous autres, comme vous le verrés par la Ratification du même Traité , que j'ay commandé
que l'on vous mette en main.   Avec quoy, chers
& bien aimés , Nous prions Dieu qu'il vous tienne
en fa fainte garde.   De Madrid le vingt-huit Fevrier
mil fix cens foixante-cinq.

Signé fur l'Original , YO EL REY.

Et plus bas, DON BLASCO DE LOYOLA.

La Superfcription.   *Aux Gouverneurs , Anciens
Gouverneurs , Vingt-huit & Quarante-deux Notables , &
Citoyens qui compofent la Communauté de ma Cité de
Befançon.*

EXTRAIT des Capitulations accordées à la Ville de Beſançon, par Sa Majeſté Trés - Chrêtienne és années 1668. & 1674.

CAPITULATION DE M. DC LXVIII.

Article III.

LADITE Cité & ſes Citoyens demeureront auſſi dans leurs Droits, Immunités, Libertés, Franchiſes & Privileges, ſans que leſdits Citoyens puiſſent être tirés, ny éloignés de ladite Cité, ſous pretexte d'Oſtage, ou autrement ; Et le Public & les Particuliers joüiront à l'avenir librement de leurs Biens & Revenus, comme ils ont joüi cy-devant.

Article IV.

Que Sa Majeſté exécutera en tous points & ſans retardement, le Traité fait en Septembre de l'an mil ſix cens ſoixante-quatre, entre ladite Cité & le Marquis de Caſtel-Rodrigo, au nom de Sa Majeſté Catholique.

CAPITULATION DE M. DC LXXIV.

Article III.

Que les Magiſtrats & Peuples ſeront conſervés dans les mêmes Privileges & Franchiſes, dont ils ont joüi juſqu'à preſent, & qui leur ont été accordés par la Capitulation que Sa Majeſté leur a donnée en l'année mil ſix cens ſoixante-huit.

Pour Extrait, collationné aux Originaux par le ſouſſigné Secretaire de l'Hôtel de Ville de Beſançon.

Signé, L. MARQUIS.

TABLE

TABLE
Des Matieres contenuës dans ce Livre.

A

v

B

C

D

E

X

G

I

O

P

S

T

U

Fin de la Table.

des Libraires & Imprimeurs de Paris, & ce dans trois mois
dés la date d'icelles : Que l'impreſſion de ce Livre ſera faite
dans nôtre Royaume, & non ailleurs, en bon Papier & en
beaux Caractéres, conformément aux Réglemens de la Li-
brairie ; & qu'avant que de l'expoſer en vente le Manuſcrit ou
Imprimé qui aura ſervi de Copie à l'Impreſſion dudit Livre,
ſera remis dans le même état où l'Approbation y aura été
donnée aux mains de nôtre trés-cher & feal Chevalier Garde
des Sceaux de France le Sr. DEVOYER DE PAULMY,
Marquis d'Argenſon, Chancelier & Garde des Sceau de nôtre
Ordre Militaire de Saint Loüis, & qu'il en ſera enſuite remis
deux Exemplaires dans nôtre Bibliotéque publique, un dans
celle de nôtre Château du Louvre, & un dans celle de nô-
tredit trés-cher & feal Chevalier le Sieur DEVOYER DE
PAULMY, Marquis d'Argenſon, Garde des Sceaux de France,
Chancelier & Garde des Sceaux de nôtre Ordre Militaire de
Saint Loüis, & ce à peine de nullité des Preſentes, du contenu deſquelles Vous mandons & enjoignons de faire joüir
l'Expoſant ou ſes ayans cauſe, pleinement & paiſiblement,
ſans ſouffrir qu'il leur ſoit fait aucun trouble ou empêchement ;
Voulons que la Copie deſdites Preſentes, qui ſera imprimée
tout au long au commencement ou à la fin dudit Livre, ſoit
tenuë pour düement ſignifiée, & qu'aux Copies collationnées
par l'un de nos amés & feaux Conſeiller & Secretaires, foy
ſoit ajoûtée comme à l'Original ; Commandons au premier
Huiſſier ou Sergent de faire pour l'exécution d'icelles tous
Actes requis & neceſſaires, ſans demander autre permiſſion,
& nonobſtant clameur de Haro, Chartre Normande & Lettres
à ce contraires : CAR tel eſt nôtre plaiſir. DONNE' à Paris
le vingt-neuf Septembre, l'an de grace mil ſept cens dix-neuf,
de nôtre Regne le cinquiéme. *Signé*, Par le Roy en ſon Conſeil, NOBLET. Scelé du grand Sceau en cire jaune.